Nigel Suckling

Das große Buch der Engel

Nigel Suckling

Das große Buch der Engel

Für Caryl, als Dank für alles
N.S.

Nigel Suckling: Das große Buch der Engel
Copyright © der deutschsprachigen Ausgabe by area verlag gmbh, Erftstadt
Copyright © by Pavilion Books 2007
Text Copyright © by Nigel Suckling 2001
Im Jahre 2001 erstmals in Großbritannien bei Pavilion Books erschienen.
Ein Imprint der Anova Books Company Limited, 151 Freston Road, London, W10 6TH
Titel der englischen Originalausgabe: *The Angel Companion*
Alle Rechte vorbehalten
Übersetzung aus dem Englischen: Brigitte Rüßmann & Wolfgang Beuchelt, Scriptorium Köln
Lektorat und Koordination der deutschen Ausgabe: TTScript, Köln

Einbandgestaltung: agilmedien, Köln
Einbandabbildung: Edward Burne-Jones: Engel; The Bridgeman Art Library
Satz: Noch & Noch, Balve

Gesamtherstellung: area verlag gmbh, Erftstadt
Printed in Slovakia 2007

ISBN 978-3-89996-890-3

www.area-verlag.de

INHALT

EINLEITUNG

Engel sind mysteriöse Wesen. Sie kommen in praktisch jedem zweiten Liebeslied vor und zu Weihnachten sind wir allerorts von Engelsdarstellungen umgeben. Dabei haben die meisten von uns – wenn überhaupt – nur eine vage Ahnung, was Engel eigentlich sind. Aber das ist nicht nur ein Symptom unserer modernen postchristlichen Weltauffassung, das war praktisch immer schon so. Selbst in Zeiten starken Glaubens waren Engel für die christlichen Institutionen immer ein wenig problematisch. Man konnte sie nicht ignorieren, aber sie warfen auch ein paar heikle theologische Fragen auf. Daher haben die meisten Kirchen, angeführt durch den Hl. Paulus, das Interesse für Engel nicht gerade gefördert. Dieser warnte wegen der Gefahr, von Satan getäuscht zu werden, vor zu viel Umgang mit ihnen.

Jesus hingegen hatte keine solchen Berührungsängste, was uns etwas über die unterschiedlichen Persönlichkeiten der beiden sagt. Wegen der glühenden Engelsbeschreibungen in den Evangelien konnten sie nicht vollkommen aus dem kosmologischen Gefüge entfernt werden, aber sie wurden so weit wie möglich an den Rand gedrängt. Der Hl. Paulus wurde immer dann zitiert, wenn die Menschen zu viele Fragen stellten. Sie durften die Namen der Erzengel kennen, die in der Bibel erwähnt werden, doch alle Neugierde darüber hinaus war verpönt.

Glücklicherweise hat es immer Menschen gegeben, denen die Missbilligung der Kirche egal war. Daneben existierte ein reger engelsgläubiger Untergrund sowohl in der Christenheit als auch im Islam und im Judentum. Interessanterweise wurden Ideen über Engel zwischen diesen drei Kulturen vollkommen frei und ohne die üblichen religiösen Zänkereien ausgetauscht. Aber dies ist eines der typischen Engelscharakteristika: sie scheinen die üblichen Schranken und Grenzen überschreiten zu können.

In den letzten Jahren erfahren Engel ein großes Revival. In der westlichen Welt, wo immer mehr Menschen den Kirchen fern bleiben, gibt es im Gegenzug ein wachsendes Interesse an Engeln, vielleicht weil sie schon immer etwas außerhalb des kirchlichen Dogmas standen. Agnostiker, evangelische Christen und New Ager wenden sich wieder den Engeln zu. Zu Weihnachten schmücken wir fast alle unsere Häuser mit Engeln, und als Statuen oder auf Gemälden sind sie auch in vielen atheistischen Haushalten zu finden. Ihre Bildnisse umgibt ein Hauch von Sehnsucht nach Spiritualität, den wir fast alle verspüren, wenn auch oft nur in Form eines leisen Bedauerns.

Die alte Vorstellung von einem Schutzengel und einem kleinen Teufel auf unseren Schultern ist uns noch gegenwärtig. Genau so fühlt sich das Leben eben oft an. Wie sehr wir auch überzeugt sind, Herr über unser eigenes Schicksal zu sein, es kommen doch immer Zeiten im Leben, in denen es scheint, als würde jemand hinter den Kulissen die Fäden ziehen. Und Versuchungen und Inspirationen fühlen sich häufig an, als kämen sie nicht aus uns selbst, sondern von außen.

Interessant an den Engelsvorstellungen der erstarkenden New-Age-Bewegung ist, dass sie sich in vielen Punkten mit denen des wiederbelebten Heidentums treffen. Die Parallelen zwischen Engeln und z.B. Elfenvölkern wie den *Tuatha de Dannan* aus Irland, von denen es heißt, sie seien auf fliegenden Schiffen zur Erde gekommen und hätten mit gottähnlichen Kräften Ordnung geschaffen, scheinen plötzlich offensichtlich. Engel scheinen eine Brücke zwischen dem Christentum und anderen Mythologien darzustellen. Viele Menschen finden es einfach, die Vorstellung von Engeln anzunehmen, auch wenn sie keinerlei Wunsch haben, in die Kirche einzutreten.

Engel üben also einen recht ungewöhnlichen Reiz auf uns aus, aber woher kommen unsere Vorstellungen von ihnen? Die Bibel ist eine der schlechtesten Quellen, da Engel in ihr zwar häufig erwähnt werden, sie uns aber praktisch nichts über ihren Hintergrund verrät. Sogar die berühmte Legende von Satan, der aus dem Himmel verbannt wird, wird nur indirekt

erwähnt. Die jüdische Tradition hat da viel mehr zu erzählen und ist natürlich die Quelle allen Engelswissens. In den Randgebieten des konventionellen Glaubens gab es selbstverständlich immer zahllose mystische Spekulationen über Engel, und aus ihnen hat sich ein relativ konsistentes Bild ergeben. Einige Ideen haben sich, aus welchen Gründen auch immer, festgesetzt und den Weg in die Traditionen gefunden. Es sind diese Vorstellungen, auf die ich mich in diesem Buch konzentrieren will.

KAPITEL EINS

Cherubim und Putten

Diese Träumer zwischen Himmeln und Welten,
Haben männlicher und milder mich gestimmt;
Und nun weiß ich wie Jesus konnt' vergleichen
Das Reich Gottes mit einem Kind.

Charles Monroe Dickinson, *The Children*

ngel gibt es in allen Formen und Größen. Einige sind ernsthafte und komplexe Wesen, deren Kräfte unsere Vorstellung weit überschreiten und die mit den geheimsten Trieb-kräften des Universums im Einklang sind. Andere sind Trost spendende Boten, denen wir uns in Momenten der Verzweiflung zuwenden. Wieder andere sind gefallene Engel, die uns verlocken und ins Verderben führen wollen, während einige die einfachsten Tugenden wie etwa Unschuld verkörpern, die reine Lebensfreude am unbeschwerten Beginn des Lebens.

Dies sind Cherubim, die am Rande himmlischer Dramen herumalbern und uns daran erin-nern, dass Freude wertvoller ist als Gold oder all das, wonach wir streben. Es sind diese ver-spielten Wesen mit ewiger Jugend und unverstelltem Blick, die einen Hauch Menschlichkeit ins Paradies und einen Hauch Paradies auf die Erde bringen.

Cherubim werden heute als kleine geflügelte Babys dargestellt, aber ursprünglich bedeutete das Wort Cherubim etwas vollkommen anderes. In der Bibel sind die Cherubim die Furcht einflößenden Hüter des göttlichen Rechts. Sie gehören zum obersten Rang der Engel, die am weitesten von der weltlichen Sphäre ent-fernt und uns daher am fremdesten sind. Es waren Cherubim, die die Tore des Garten Eden mit flam-menden Schwertern gegen die Rückkehr von Adam und Eva schützten (Genesis 3,24); und um David zu retten, ritt Gott, begleitet von Donner, Blitz, Erdbeben und Flut, auf dem Rücken eines Cherubs vom Him-mel herab (2 Samuel 22,11; Psalm 18,10). Die kleinen Cherubim, die wir kennen, stammen vom anderen Ende des Engelsspektrums: lieblich, unschuldig und verspielt. Sie bringen uns zum Lächeln und machen unsere Herzen leicht.

Er vertrieb den Menschen und stellte östlich des Gartens von Eden die Cherubim auf und das lodernde Flammenschwert, damit sie den Weg zum Baum des Lebens bewachten.

GENESIS 3,24

Obwohl sie in der religiösen Kunst einen festen Platz haben, ist von den Theologen nie ganz geklärt worden, welchen Platz die Che-rubim in der Hierarchie der Engel einnehmen. Niemand hat aber bisher behauptet, sie seien Babys, die eines Tages zu Erzengeln oder ähnlichem heranwachsen. Da sie ewig jung bleiben, ist der Glaube weit verbreitet, sie seien die Seelen früh verstorbener Kinder oder Menschen, die noch darauf warten, geboren zu werden.

Die Vorstellung, dass Engel zu Menschen werden können (und umgekehrt), war schon immer beliebt, besonders in den Texten von Volksliedern. Einige Kirchenoberhäupter wie Origenes und verschiedene frühchristliche Sekten glaubten ebenfalls daran. In sei-nem berühmten Buch *Der Magus* listete Francis Barrett Unschuldige (Cherubim), Märty-rer und Bekenner (Heilige) als drei zusätzliche Engelsränge unterhalb der akzeptierten neun auf. Swedenbourg ging noch einen Schritt weiter und behauptete, die Engel selbst hätten ihm gesagt, sie alle begännen ihr Leben als Menschen, deren Schicksal es sei, die Hierar-chie der Engel zu durchlaufen, um schließlich eins zu werden mit der Gottheit.

Durch William Blake und andere haben Swedenbourgs Ideen einen großen, wenn auch größtenteils unbemerkten Einfluss auf das westliche Denken. Die meisten

Ein Endzweck der
Schöpfung des Universums
ist das menschliche Geschlecht und
der Engelhimmel aus ihm.

EMANUEL SWEDENBOURG, *DIE WEISHEIT DER ENGEL BETREFFEND DIE GÖTTLICHE LIEBE UND*
DIE GÖTTLICHE WEISHEIT, DRITTER TEIL

Und einst ein Traum einen Schatten wob über meinem engelbewachten Bett.

WILLIAM BLAKE, *SONGS OF INNOCENCE*

anderen Philosophen waren sich hingegen einig, dass Engel und Menschen zwei völlig unterschiedliche Arten von Wesen sind und auch dann noch getrennt bleiben, wenn sie denselben Himmel bewohnen.

Es gibt also keine offizielle Bestätigung der Existenz von kleinen Cherubim im Himmel und keine klare Aussage über ihre Natur; ob sie nun menschliche Seelen verkörpern oder etwas anderes. Sie scheinen eine eigene Klasse zu bilden, ähnlich den Wächtern (Grigori), die wir in der *Genesis* und im *Buch Henoch* finden. Aber mit oder ohne offiziellen Status, die von Künstlern spontan erschaffenen lieblichen kleinen Cherubim sind essentieller Bestandteil der christlichen Ikonografie, die akzeptiert werden, da sie in diesen Rahmen passen.

Die Cherubim als kleine geflügelte Babys (oder manchmal nur als Babyköpfe mit Flügeln) tauchten nach dem 8. Jahrhundert zum ersten Mal in westlichen Gemälden auf, nachdem das 2. Konzil von Nicäa entschieden hatte, dass Heilige und Engel auf religiösen Kunstwerken – also dem Großteil der Kunst jener Zeit – abgebildet werden dürfen. Die auch als »Putten« (was schlicht »kleine Jungs« bedeutet) bekannten Wesen entstanden nach dem

Vorbild der geflügelten Cupidofiguren des antiken Griechenlands und Roms, stellten eine sublime Verbindung zur heidnischen Vergangenheit dar und erinnerten an Eros und Aphrodite und verspielte, unschuldige Sinnlichkeit. Unbewusst bildeten sie ein Gegengewicht zu den ernsten Mysterien der Kirche und brachten einen Hauch von Menschlichkeit in die oftmals verkniffene Moralität.

Viele Menschen erfreuen sich an den Engeln in der Kunst, besonders zu Weihnachten. Ganz ohne das ganze christliche Beiwerk. nehmen sie sie aber nicht ernster als den Weihnachtsmann. Engel haben sicherlich Wurzeln in der Bibel, im Koran und in der Thora. Viele Menschen ohne Religionszugehörigkeit genießen aber nicht nur ihre ästhetische Darstellung, sondern können ihre Gegenwart alltäglich spüren, ohne Widersprüchliches dabei zu empfinden. Immer mehr Menschen scheint es möglich, an die Existenz von Engeln als Boten eines anderen Reiches zu glauben, ohne eine konkrete Vorstellung von diesem Reich haben zu müssen.

Auch in schillernden Methaphern leben Engel und Dämonen bis heute in unserer Vorstellung fort. Dies zeigt sich in alltäglichen Ausdrücken wie »Da steckt heute der Teufel drin« oder »Sei ein Engel«. Einige glauben sogar, dass die Menschen, die uns am meisten irritieren, Engel in Menschengestalt sind, da sie uns dazu zwingen, an unsere Grenzen zu gehen.

Wir alle aber geraten irgendwann in Situationen, die das Beste oder das Schlechteste in uns zum Vorschein bringen. Von dort ist es für die Vorstellungskraft nur ein kleiner Schritt bis zur Vorstellung von Engeln und Teufeln. Und warum sollten wir unsere besten Impulse nicht die lieblichen, schönen und glorreichen Formen annehmen lassen, die Engel über die Jahrtausende hinweg entwickelt haben. Warum sollten unsere Ideen und Prinzipien nicht Flügel und die Gestalt von Schutzengeln annehmen, sodass wir uns leichter mit ihnen als den lebendigen und autonomen Gebilden auseinander setzen können, als die sie uns so oft erscheinen?

Vielleicht rührt die wieder erstarkte Popularität der Engel zu Beginn dieses dritten Jahrtausends schlicht daher, dass wir ihre ununterbrochene Gegenwart spüren, ob wir nun zur Kirche gehen oder nicht. Übrigens befinden wir uns dabei mit Sokrates in bester Gesellschaft, einem vehementen Verfechter des Atheismus. Er glaubte zwar nicht an den Himmel, war aber davon überzeugt, dass jeder seinen persönlichen Dämon besitzt, eine Art höheres Selbst, das das eigene Handeln und den Verlauf des Lebens bestimmt und am Ende darüber entscheidet, ob dieses Leben ein Erfolg oder ein Misserfolg war.

Was uns aber hier interessiert, ist, wo diese Vorstellungen von Engeln herkommen. Interessanterweise bietet die Bibel wenig Erhellendes über die Herkunft der Engel. Es tauchen zwar häufig Engel auf, sogar mehr noch im Neuen Testament als im Alten, aber wir erfahren nur wenige Details. Sie stehen zwar im Mittelpunkt, doch es wird immer vorausgesetzt, dass der Leser weiß, wer Michael, Gabriel und Raphael sind und in welchem Verhältnis Gewalten, Fürstentümer und andere Engelsränge zueinander stehen. Als die Heilige Schrift verfasst wurde, war es in der Tat weit verbreitetes Wissen, wie die Engelsränge sich auf die sieben Himmel verteilten. Daher sahen die Propheten und Apostel auch keinen Grund, es genauer zu erklären.

Zu Beginn des Christentums gab es viele Quellen der Engelskunde, die genauso viel Gewicht besaßen wie die Bücher der Bibel. Später gerieten sie aber in Vergessenheit. Eine der wichtigsten Quellen ist das *Buch Henoch*, das häufig

im Neuen Testament zitiert wird und dessen Grundstimmung die Engelslehren bis heute stärker durchdringt als irgendein Text aus dem Alten Testament.

Das *Buch Henoch* wurde zwar nicht in die Bibel aufgenommen, aber ein- und auch zweihundert Jahre später immer noch von Kirchenvätern wie Irenäus, Clemens von Alexandria und Tertullian mit einer Selbstverständlichkeit zitiert, als sei es Teil der *Genesis*. Warum es nicht in die Bibel aufgenommen wurde und irgendwann verloren ging, ist allein schon eine interessante Geschichte. Seine Wiederentdeckung in Äthiopien im 18. Jahrhundert war allerdings wie das Finden fehlender Puzzlestücke. Plötzlich konnten viele bisher unbelegte Zitate der Bibel zurückverfolgt werden, wie auch viele Ideen des frühen Christentums, deren Ursprung man bis dahin in direkten Offenbarungen vermutet hatte.

Henoch war eine der Hauptquellen für die christliche Engelskunde. Die andere war *De Coelesti Hierarchia* (Über die Himmlische Hierarchie), das Dionysius Areopagita zugeschrieben wurde, den der Apostel Paulus mit seiner berühmten Rede auf dem Marshügel in Athen (Apg 17) bekehrte. Daher wurde es jahrhundertelang fast wie ein Evangelium behandelt, war aber auch deshalb so bedeutend, weil es den vorherrschenden Glauben so präzise und systematisch herausarbeitete.

Dionysius' Buch war im Mittelalter sehr einflussreich, nachdem es im 9. Jahrhundert von Johannes Scotus Eriugena übersetzt worden war. Kaiser Karl der Kahle soll einmal bei einem

Der Engel … Aufgabe ist es, als Vermittler zu wirken, indem sie weitergeben, was immer Gott entschieden hat, so wie die höheren Engel es ihnen weitergegeben haben.

PSEUDO-DIONYSIUS, *ANGEBLICHER BRIEF AN DEN MÖNCH DEMOPHILUS*

Jeder Engel ist ein Himmel in Verkleinerung.

E. SWEDENBOURG, *DIE WEISHEIT DER ENGEL BETREFFEND*
DIE GÖTTLICHE LIEBE UND DIE GÖTTLICHE WEISHEIT

Glas Wein mit dem irischen Philosophen gescherzt und ihn gefragt haben: »Wo liegt der Unterschied zwischen einem Scoten (Iren) und einem Säufer (between a Scot and a Sot)?«, worauf der blitzgescheite Johannes antwortete: »In der Breite dieses Tisches«, und dies sogar überlebte.

Obwohl sich später herausstellte, dass Dionysius gar nicht der Autor war, sondern jemand, der rund 500 Jahre nach dem Hl. Paulus lebte, ist die dionysische Hierarchie der Engel bis heute offizieller Bestandteil der katholischen Lehre, da sie zu großen Teilen von Thomas von Aquin in seiner Engelslehre in die *Summa Theologica* übernommen wurde.

Für seine Himmelsdarstellung in *Die Göttliche Komödie* adaptierte auch der Dichter Dante (1265–1321) das dionysische Schema. In »Das Paradies« (Gesang 28) bekommt er es von seiner Muse, der frommen Beatrice, erklärt, die mit einem dankbaren Kopfnicken schließt:

Und Dionysius rang so brünstiglich,
Damit sein Blick die Ordnungen betrachte,
Dass er sie nannt' und unterschied wie ich.

Dass sich Dionysius' Buch als Fälschung erwies, tat seinem Einfluss keinen Abbruch. Der Antrieb für solche »frommen Fälschungen« mag uns heute verschlossen bleiben, aber man sollte sich einmal vor Augen halten, dass die meisten Schriften des Neuen Testaments nachweislich erst viel später geschrieben wurden und somit kaum von den behaupteten Autoren stammen können. Dasselbe gilt im Übrigen auch für viele Bücher des Alten Testaments, wie etwa das *Buch Daniel*. Wer sie geschrieben hat, ist letztendlich weniger wichtig als was sie zu sagen haben und ob dies geglaubt wird.

Dionysius, oder Pseudo-Dionysius, wie er häufig genannt wird, durchzog seine Abhandlung mit Zitaten aus der Heiligen Schrift, das zugrunde liegende Schema ist aber stark der griechischen Philosophie entlehnt. Er unterteilte die Engel in neun Ordnungen oder Chöre, die zu je drei Hierarchien oder Triaden zusammengefasst werden. Dies ist ein beliebter neoplatonischer Kunstgriff, wodurch die mittlere Einheit als Bindeglied zwischen den beiden Extremen gesehen wird, die alles zu einem Ganzen vereint.

Nach diesem Schema setzt sich die Hierarchie, die von uns Menschen am weitesten entfernt und am nächsten zur Göttlichen Quelle steht, aus Seraphim, Cherubim und Thronen zusammen. Die mittlere Hierarchie besteht aus Herrschaften, Tugenden und Gewalten und die dritte aus Fürstentümern, Erzengeln und Engeln. Aus dieser letzten Hierarchie stammen unsere Schutzengel.

KAPITEL ZWEI

SCHUTZ-ENGEL

Hütet euch davor, einen von diesen Kleinen zu verachten!
Denn ich sage euch: Ihre Engel im Himmel sehen stets
das Angesicht meines himmlischen Vaters.

MATTHÄUS 18,10

Die Schutzengel rekrutieren sich aus der untersten Ordnung der Göttlichen Hierarchie des Dionysius. Er nennt sie schlicht »Engel«, was etwas verwirrend ist, da alle anderen auch als Engel bezeichnet werden. Er erklärt, dass sie in gewisser Weise alle Engel sind, dass aber einige besondere Kräfte und Pflichten haben, die ihnen andere Titel verleihen.

Die Schutzengel sind zwar die geringsten der himmlischen Kräfte, uns aber am vertrautesten und prägen somit auch unser Bild der anderen Engel, die sich einer Beschreibung oftmals entziehen. Ihre himmlische Sphäre grenzt an unsere materielle Welt und überschneidet sich teils sogar mit ihr. Besucher ihres Reiches waren oftmals betört von seiner scheinbaren Vollkommenheit und himmlischen Schönheit, die Engel aber berichten, die höheren Reiche seien noch strahlender, wobei die Sphären immer immaterieller und leuchtender werden, je höher sie liegen. Für unsere Augen mag also die Sphäre der Schutzengel vor leuchtender Vollkommenheit strahlen, für unsere Schutzengel aber trifft das auf die nächst höhere Ebene zu, die ihre Hüter bewohnen.

Unsere Schutzengel sind unsere persönlichen Botschafter im Himmel. Einige Christen glauben, man erhalte seinen Schutzengel durch die Taufe, die meisten aber sind davon überzeugt, dass jeder einen Schutzengel habe, egal woran er glaubt und wie tugendhaft er ist. Einziger Streitpunkt bleibt, ob wir unseren Schutzengel bei der Geburt oder schon bei der Empfängnis erhalten. Einige sagen, im Mutterleib werde das Kind vom Schutzengel der Mutter mit beschützt und erhielte erst mit der Geburt seinen eigenen. Andere sagen, dies geschähe bei der Empfängnis und während der folgenden neun Monate werde die Seele des Säuglings im Himmel versorgt – eine der Erklärungen für das Wesen der Putten. Aber wie dem auch sei: Heiden und Christen glauben gleichermaßen, dass jeder Mensch spätestens ab seiner Geburt mindestens einen Schutzengel hat.

Ich träumte einen Traum! Oh, welcher Sinn liegt darin?
Ich war eine kindliche Königin
Von einem milden Engel bewacht:
Kindlicher Schmerz wurde nie verlacht!

WILLIAM BLAKE, *SONGS OF EXPERIENCE*

QUELLEN

Menschen, die an Schutzengel glauben, zitieren gerne die zu Anfang des Kapitels genannte Stelle aus dem Matthäus-Evangelium, denn die Kleinen, auf die sich Jesus hier bezieht, sind natürlich ungetaufte Juden. Alttestamentarischer Glaube war auch, dass jedes Volk einen eigenen Schutzengel oder ein eigenes Fürstentum habe, und zwar selbst solche Völker wie die Ägypter und Babylonier, die den Israeliten das Leben schwer machten. Der Unterschied bestand schlicht darin, dass einige Völker ihren Schutzengel mehr beachteten als andere, oder Propheten wie Moses oder Daniel bemühen mussten, um seine Warnungen zu verstehen. Der Schutzengel Israels ist der Erzengel Michael.

Die jüdische Kabbala spricht ebenfalls von »Präzeptor«-Engeln, die den Patriarchen zugehörig sind. So wachte Raziel über Adam, Zaphkiel über Noah, Zadkiel über Abraham, Raphael über Isaak und Tobias, Gabriel über Joseph, Josua und Daniel, Metatron über Moses und Michael über Salomon.

Nirgendwo im Alten Testament wird explizit gesagt, jeder Mensch habe einen Schutzengel, doch es gibt Hinweise wie etwa den beliebten Psalm 91,11–12: »Denn er befiehlt seinen Engeln, dich zu behüten auf all deinen Wegen. Sie tragen dich auf ihren Händen, damit dein Fuß nicht an einen Stein stößt.«

Und als Abraham einen Diener aussandte, um eine Frau für seinen Sohn Isaak zu finden, sagte er, Gott würde Isaaks Engel vorausschicken, der alles bereits im Voraus arrangieren würde, was offensichtlich auch geschah (Genesis 24,7).

Das apokryphe *Buch der Jubiläen* (2. Jh. v. Chr.) scheint sehr entschieden an Schutzengel zu glauben. Kapitel 35 erzählt eine erweiterte Version des berühmten Bruderkampfes zwischen Esau und Jakob (und erklärt einleuchtender als die Bibel, warum ihr Vater Isaak nichts gegen den Handel mit dem Geburtsrecht unternimmt; er hielt den jüngeren Bruder schlicht als Familienoberhaupt für geeigneter). An einer Stelle versucht Isaak die Angst seiner Frau um Jakob zu mildern, indem er sagt: »Und ängstige dich nicht um Jakob; denn der Schutzengel Jakobs ist groß und mächtig und geehrt, und wird mehr gepriesen als der Schutzengel Esaus.«

Zumindest aber zur Zeit Jesu war es im Judentum allgemeiner Glaube, dass jeder Mensch einen eigenen Schutzengel habe. Einige Sekten, wie etwa die Sadduzäer, verneinten dies, waren aber in der Minderheit. Als also Petrus von einem »Engel des Herrn« aus Herodes Gefängnis befreit wurde und zu seinen Freunden ging, konnten diese schlicht nicht glauben, dass er entkommen konnte, und nahmen an, es müsse sich um seinen Engel oder spirituellen Doppelgänger handeln (Apostel 12,15).

Das Ziel der Schutzengel ist es, so viel Licht wie möglich aus ihrer Welt in unsere zu bringen. Sie sind die Vermittler zwischen uns und den höheren Mächten. Das ist nach Dionysius der Grund für die Engelshierarchie: die unaussprechliche Weisheit und Energie der Quelle des Lichtes im Zentrum der Schöpfung über die immer materieller werdenden Ebenen zu filtern, bis sie uns schließlich in einer Form erreichen, die wir verstehen können. Oder, wie er in Kapitel 10 erklärt:

Alle Chöre der Engel sind aber Offenbarer und Künder derer, die vor ihnen sind, die vornehmsten sind Offenbarer Gottes, ihres Bewegers; in entsprechendem Maß sind dann die übrigen Engel Offenbarer der von Gott bewegten Geister. … Daher sagen die inspirierten Schriftsteller, dass sogar die göttlichsten Seraphim »einer dem andern zugerufen hätten« [Jesaja 6,3], womit sie, wie ich glaube, deutlich zu erkennen geben, dass die ersten Engel den zweiten von den Erkenntnissen der Gotteswissenschaft mitteilen. … Gemäß diesen Ordnungen und Kräften erlangt jeder einzelne Geist in dem ihm zustehenden und erreichbaren Maß Anteil an der überheiligsten Reinheit, dem übervollen Licht, der absoluten Vollendung. Denn nichts ist in sich selbst vollendet oder überhaupt der Vollendung unbedürftig, außer das wahrhaft in sich selbst Vollendete und absolut Vollkommene.

Auf der himmlischen Ebene sind die Schutzengel uns sehr ähnlich und ihre Welt überschneidet sich mit der unseren, aber dennoch haben sie eine ganz unterschiedliche Perspektive. Von ihrer Sphäre aus können sie all die Muster hinter Geschehnissen erkennen, für die wir blind sind. Sie versuchen zu helfen, indem sie ihre Einsichten mit uns teilen, doch es scheint eine absolute Grenze zu geben, die sie nicht überschreiten können. Viel hängt davon ab, wie empfänglich wir für ihre Botschaften sind.

Außer im Krieg oder in großer persönlicher Not haben Menschen selten Engel gesehen, wie stark sie auch an ihre Gegenwart glauben. Zählte man alle Engelsbegegnungen zusammen, käme schon eine ziemliche Menge dabei heraus, aber verglichen mit der gesamten Erfahrung der Menschheit ist sie doch wieder gering. Engel sind größtenteils unsichtbar. Auch greifen sie selten physisch ein. Manchmal geschehen Wunder, der Rat eines Engels begegnet uns aber selten in konkreterer Form als beispielsweise einer Inspiration, dem Flüstern der Engel, oder einem spontan gefühlten Hoffnungsschimmer, der uns aus einem Tief herausführt.

Dies ist ganz natürlich und wahrscheinlich auch gut so. Schutzengel spenden von Natur aus Trost und teilen größtenteils unsere Weltsicht, Visionen von ihnen haben aber schon so manchen Empfänger verstört. Visionen von höheren Engeln, wie beispielsweise bei Ezechiel oder der Offenbarung, sind sogar meist Furcht einflößend.

Engel in der Kunst

Nur wenige Menschen haben tatsächlich schon Engel gesehen. Die meisten sind auf die Darstellungen von Künstlern angewiesen, um ihren Vorstellungen eine Form zu verleihen. Wie

für die verspielten kleinen Cherubim suchten die mittelalterlichen Künstler nach dem Konzil von Nicäa in der heidnischen Kunst nach Inspiration und stießen bald auf Bilder von geflügelten Viktorien und anderen, wie etwa von Schlaf und Tod. Dies ist wenig erstaunlich, denn auch andere christliche Ideen gehen auf das antike Griechenland zurück. Man beschloss, dass sie zwar per Definition nicht-christlich seien, aber in Abwesenheit der göttlichen Offenbarung Wunder gewirkt hätten. Daher ernannte man sie zu Proto-Christen (Vorläufer) und gab ihnen einen Ehrenplatz im Himmel.

In der Bibel haben Engel nur Flügel, wenn sie inmitten von Flammen erscheinen, wie etwa bei Ezechiel oder Jesaja. Wenn sie ansonsten im Auftrag des Herrn die Erde besuchten, nahmen sie schlicht die Gestalt »der Menschen« an und oft bemerkten die Menschen lange nicht, dass sie besonderen Besuch hatten. Daher wurden Engel in der frühchristlichen Kunst oft schlicht als Menschen dargestellt. In Anlehnung an die antike Kunst verlieh man ihnen bald Flügel und Glorienscheine (als Versinnbildlichung ihrer leuchtenden Antlitze) und diese Darstellung traf die Vorstellung der Menschen so gut, dass sie sich bis heute gehalten hat.

Mittelalterliche Künstler entwickelten bald eine Symbolsprache der Flügel und Glorienscheine. Die Seraphim erhielten rote Flügel, die Cherubim blaue. Glorienscheine wurden je nach ihrem Träger rund, quadratisch oder dreieckig dargestellt. Dreieckige Glorienscheine oder Sterne mit drei Spitzen verwiesen auf Gott oder Jesus. Die sterblichen Heiligen trugen quadratische Glorienscheine (da das Quadrat ein Symbol der Erde war). Die Engel trugen runde Glorienscheine, die verdeutlichten, dass sie direkt vom Göttlichen Ganzen abstammen. Im Laufe des Mittelalters setzte sich hingegen die Verwendung runder Glorienscheine für alle göttlichen Wesen durch.

Bei den Flügeln der Engel triumphiert die Schönheit über die Vernunft. Schon seit der Renaissance argumentieren Zyniker, dass Engel Brustbeine wie Tauben bräuchten, um fliegen zu können, und dass ihre Spannweite etwa zwölf Meter betragen müsste. Aber diese Argumente gehen vollkommen am Thema vorbei, denn Engel sind keine physischen Wesen. Sie können jegliche Form annehmen und sich der Vorstellung dessen, den sie besuchen, ideal anpassen.

Geflügelte Engel erscheinen uns als richtig, auch wenn unser Verstand uns sagt, dass sie biologisch unmöglich sind. Astralreisende haben darauf hingewiesen, dass die Engel, denen sie auf ihren außerkörperlichen Reisen begegnen, so aussehen, als hätten sie Flügel, da ihr Astralkörper von einer Aura umgeben ist, die an ihrer Kopfspitze

entspringt und sie einhüllt. Vielleicht also stammt diese Idee nicht allein aus der antiken Kunst, sondern ist eine visionäre Erfahrung, die sich mit den existierenden Modellen verband. Andererseits gibt es bis heute Menschen, denen im Traum oder in Trance Engel ohne Flügel begegnen.

DIE SIEBEN HIMMEL

Laut dem *Buch Henoch* gibt es sieben Himmel, und die meisten Menschen glauben daran. Die Neun Engelschöre verteilen sich mehr oder weniger entsprechend ihres Rangs innerhalb der Hierarchie auf die Himmel. Einige von ihnen scheinen aber in mehreren Himmeln gleichzeitig zu existieren, was daran liegen mag, dass sie in einem Himmel die Führung haben, während sie in einem anderen unter ihresgleichen sind.

Die Himmel sind in konzentrischen Sphären angeordnet und bestehen aus immer reinerem göttlichen Licht. Es zählt zu ihren besonderen Eigenschaften, dass man sie über einen Punkt beziehungsweise ein Tor in ihrem Zentrum betritt, wenn man von einer äußeren in eine weiter innen liegende Sphäre wechselt. Nach Durchqueren dieses Tors findet man sich erneut in einer riesigen Weite wieder, die noch gewaltiger erscheint als die, die man gerade verlassen hat.

Im Zentrum jedes Himmels findet sich eine Art Echo der Quelle des Lichts aus dem Zentrum des Universums, das normalerweise in Form eines strahlenden Throns erscheint, den die Engelsprinzen der jeweiligen Sphäre umstehen.

Der erste Himmel gilt als das Paradies, das Adam und Eva zu Anbeginn der Zeit bewohnten. Dort wachsen der Baum des Lebens und der Baum der Erkenntnis, und Tod und Leid gibt es dort nicht. Dort wohnen die Schutzengel und die Seelen jener, die gestorben sind, die aber über die Freunde und die Familie wachen, die sie zurückgelassen haben. Dies ist der Garten, der einst an den Quellen von Euphrat und Tigris zu finden war, bevor er in weite Fernen verlegt wurde. Im Hebräischen wird er Shamayim genannt und vom Erzengel Gabriel regiert.

Hier Henochs Beschreibung:

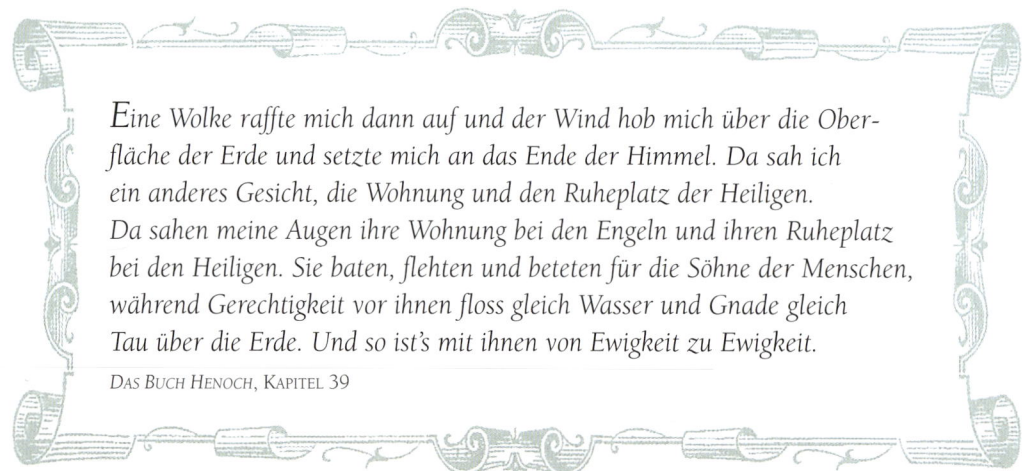

Eine Wolke raffte mich dann auf und der Wind hob mich über die Oberfläche der Erde und setzte mich an das Ende der Himmel. Da sah ich ein anderes Gesicht, die Wohnung und den Ruheplatz der Heiligen. Da sahen meine Augen ihre Wohnung bei den Engeln und ihren Ruheplatz bei den Heiligen. Sie baten, flehten und beteten für die Söhne der Menschen, während Gerechtigkeit vor ihnen floss gleich Wasser und Gnade gleich Tau über die Erde. Und so ist's mit ihnen von Ewigkeit zu Ewigkeit.

DAS BUCH HENOCH, KAPITEL 39

Da sah ich die ersten Väter und die
Gerechten, welche von Ewigkeit her an
jenem Orte wohnen … Ich sah die Söhne
der Engel treten auf Feuerflammen, ihre
Kleider und ihr Gewand waren weiß,
und glänzend ihr Antlitz wie Kristall …
Und ich sah dort in der Mitte jenes
Glanzes, ein Gebäude, das erbaut war
aus Steinen von Eis, und inmitten dieser
Steine Zungen von lebendigem Feuer,
die es umhüllten. Und dann umringten
es die Seraphim, die Cherubim und die
Ophanin; dies sind diejenigen, welche nie
schlafen und den Thron seiner Herrlichkeit
bewahren. Und ich sah unzählige Engel,
Tausende, Tausende von Tausenden, und
Myriaden von Myriaden, und sie umgaben
jenes Haus.

DAS BUCH HENOCH, KAPITEL 70

Neben Dionysius ist der Prophet Henoch unsere wichtigste Quelle für die Engelskunde. Dem *Buch Genesis* zufolge entstammte Henoch der siebten Generation der Familienlinie Adams und des Urgroßvaters von Noah.

Henoch ist zudem einer der wenigen Menschen, von denen es in der Bibel heißt, sie seien direkt in den Himmel aufgestiegen, ohne vorher sterben zu müssen. Im *Buch Genesis* (5,24) heißt es schlicht, dass Henoch nach 365 Lebensjahren »seinen Weg mit Gott gegangen [war], dann war er nicht mehr da; denn Gott hatte ihn aufgenommen.« Die esoterische Tradition ist aber davon überzeugt, dass er nicht nur direkt in den Himmel aufstieg, sondern dort zum rätselhaften Erzengel Metatron wurde (oder zu seiner Existenz als Erzengel zurückkehrte). Bereits früher hatten Visionen, die auch die Grundlage seines berühmten Buchs bilden, Henoch mehrfach den Himmel besuchen lassen.

Der zweite Himmel, Raquia (das Firmament), wird vom Erzengel Raphael regiert. Von Henoch, Moses und dem Hl. Paulus heißt es, sie hätten diesen Himmel besucht und Johannes der Täufer sei nach seinem Tod hierher gegangen. Wie der Name bereits andeutet, glaubte man einst, dass dieser Himmel in der Höhe des Himmelszeltes beheimatet sei, welches »die oberen Wasser von denen darunter trennte« und an welchem die Sterne befestigt seien. Die entsprechende Ebene in der Hölle (die laut Henoch im Norden an den Himmel angrenzt) ist die Wohnstätte der gefallenen Engel.

Der dritte Himmel ist Sagun oder auch Shehaquim und wird vom Engel Anahel regiert. Hier wurde der Hl. Paulus von einem alten Mann begrüßt, dessen Gesicht so hell wie die Sonne schien, und der an einem Tor mit goldenen Säulen stand. Dies sind die berühmten »Perlentore«, denn der dritte Himmel ist jener Ort, an den die perfekten Seelen direkt nach dem Tod gehen. Genau wie vom ersten Himmel wird auch von ihm gesagt, er beheimate einen Garten, in dem der Baum des Lebens wachse. Viele Eigenschaften scheinen von allen Himmeln geteilt zu werden, werden aber mit jeder Stufe spiritueller und für uns unbegreiflicher. Bei den Essäern wurde der Baum des Lebens oft mit sieben Hauptästen dargestellt, die zu den sieben Himmeln hinaufreichten, und mit sieben Wurzeln, die in die sieben Höllen hinunterreichten. Dieses Bild kommt der germanischen Vorstellung vom Baum des Lebens sehr nahe.

Der Erzengel Michael beherrscht den vierten Himmel, Zebhul. Der fünfte Himmel, Machon, ist die Heimat der Racheengel, der strikten Vollstrecker der göttlichen Nemesis, die

In Einsamkeit hat sie gelebt,
Und in Einsamkeit ihr verlor'nes Nest gebaut;
Und in Einsamkeit, allein
Hat der Geliebte sie geführt,
Und in Einsamkeit auch sie verwundet
Mit der Liebe.

Johannes vom Kreuz: *Der Geistliche Gesang*,
Vers 34

Mit Lieb' gebunden in einem Buch der Ewigkeit
fand ich die verstreuten Blätter des gesamten Universums.

DANTE: *DIE GÖTTLICHE KOMÖDIE*, DAS PARADIES, 33. GESANG, VERS 29

im *Buch Hiob* recht ausführlich beschrieben werden. Hier wohnen aber auch einige der freundlicheren Mächte, die den Lauf der Sterne und Planeten und das Schicksal der Menschen lenken. Und obwohl die Bibel die Astrologie deutlich missbilligt, scheinen diese Mächte exakt mit den Planetengöttern übereinzustimmen, die in den Horoskopen verwendet werden.

Der sechste und der siebte Himmel liegen so weit außerhalb unseres Verständnisses, dass alles, was wir mit Sicherheit über sie sagen können, ist, dass sie riesige Engelschöre beheimaten, die das Lied der Schöpfung singen. Im Zentrum stehen die Cherubim und die Seraphim und schließlich die unbekannte Gottheit selbst, beziehungsweise die Quelle des Lichts. Vielleicht ist dies aber auch nur ein weiteres Portal, das zu einer weiteren Reihe von Himmeln führt.

Die schattenhafte Entsprechung dieser sieben Himmel sind die sieben Höllen mit ihren Legionen von Teufeln und Dämonen. Henoch sagt, sie grenzen »im Norden« an die Himmel an. Da die himmlische Geographie aber alles andere als einfach zu durchschauen ist, ist dies wohl eher symbolisch gemeint. Laut Henoch bedeutet dies, dass in den Himmeln ein Krieg entlang der Grenze tobt. Engel und Dämonen kämpfen also nicht nur durch uns in unserer Welt, sondern auch von Angesicht zu Angesicht in den Himmeln.

Diese ausgewogene Symmetrie legt nahe, dass wir neben einem Schutzengel bei der Geburt auch einen Schutzdämon erhalten. Darüber wird wenig gesprochen, aber eigentlich ist dies in der Vorstellung enthalten, dass wir einen hellen Engel auf einer und einen dunklen Engel auf der anderen Schulter tragen.

Für viele Menschen sind die Begriffe »Schutzengel« und »spiritueller Führer« gleichbedeutend, doch es gibt eine wichtige Unterscheidung zwischen ihnen. Spirituelle Führer sind normalerweise Menschen, die bereits gestorben sind, während Engel natürlich unsterblich sind. Sie sind eher eine Art »höheres Selbst«, von dem sich viele in ihrem Leben geleitet fühlen. In der indischen Mystik kann der Guru beispielsweise ein vollkommen spirituelles Wesen oder Deva sein.

Einige Mystiker gingen davon aus, dass wir eine Inkarnation unseres Schutzengels bzw. unseres höheren Selbst sind und dass wir nach unserem Tod einige Zeit mit dieser Erkenntnis wachen, bis wir uns dann für eine Wiedergeburt entscheiden, die unserer Entwicklung zu Engeln dient. Auch hierauf gibt es bereits im frühen jüdischen Glauben Hinweise, wie auch in der Menschwerdung Christi. Diese Möglichkeit schlägt aber auch eine Brücke zwischen den biblischen Religionen und jenen, die an Reinkarnation glauben. Doch in den Hauptrichtungen des Christentums, Judentums und des Islam wurde diese Vorstellung nie angenommen. Im Gegensatz zu den meisten anderen Glaubensgemeinschaften lehnen sie die Vorstellung, dass Reinkarnation auf Erden weit verbreitet ist, strikt ab. Jesus und ein paar der Propheten werden als große Ausnahmen gesehen.

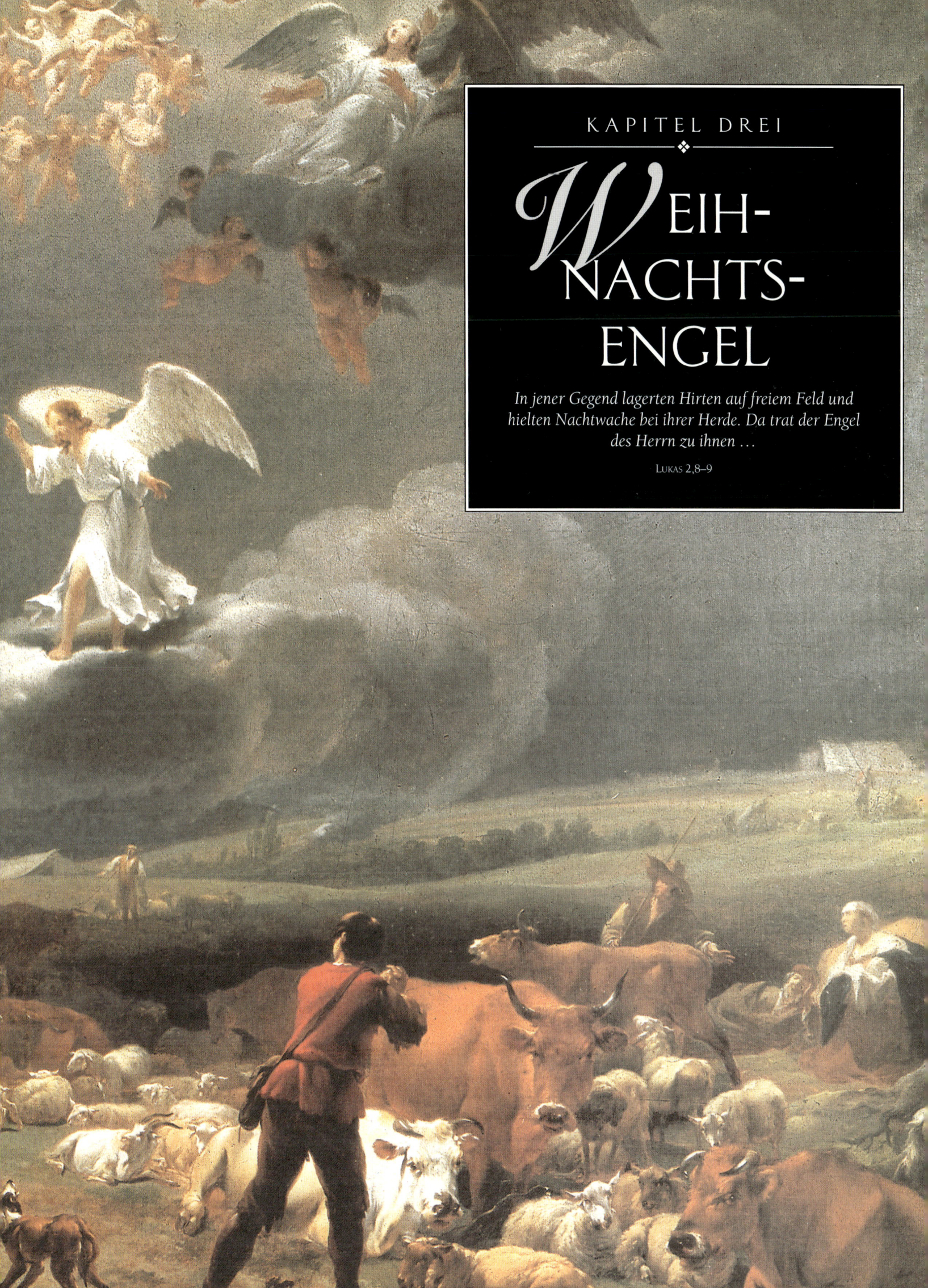

KAPITEL DREI

✦

WEIH-NACHTS-ENGEL

In jener Gegend lagerten Hirten auf freiem Feld und hielten Nachtwache bei ihrer Herde. Da trat der Engel des Herrn zu ihnen …

Lukas 2,8–9

Engel sind untrennbar mit der Geschichte Jesu verbunden, vor allem mit deren Anfang. Die Weihnachtsgeschichte findet sich in mehreren Evangelien. Lukas (Kapitel 1) macht den Anfang mit der Geschichte von Johannes dem Täufer, dem Vorgänger Jesu. Wir lesen hier, wie der Engel Gabriel, »der vor Gott steht«, seinem Vater Zacharias im Tempel erscheint und ihm von der bevorstehenden Geburt erzählt, und wie er ihn vorübergehend stumm macht, weil Zacharias ihm angesichts seines und des Alters seiner Frau nicht glaubt. Dann lesen wir, wie Gabriel der Jungfrau Maria in seiner berühmten Verheißung ähnliche Neuigkeiten bringt. Matthäus (Kapitel 1) nimmt die Geschichte dort wieder auf, wo der Engel Joseph im Traum erscheint, um ihn zu beruhigen. Schließlich kommen wir zurück zu Lukas (Kapitel 2) und zu dem Teil der zauberhaften Weihnachtsgeschichte, die bis heute die Herzen bewegt:

Der Engel aber sagte zu ihnen: Fürchtet euch nicht, denn ich verkünde euch eine große Freude, die dem ganzen Volk zuteil werden soll: Heute ist euch in der Stadt Davids der Retter geboren; er ist der Messias, der Herr. Und das soll euch als Zeichen dienen: Ihr werdet ein Kind finden, das in Windeln gewickelt in einer Krippe liegt. Und plötzlich war bei dem Engel ein großes himmlisches Heer, das Gott lobte und sprach: »Ehre sei Gott in der Höhe und Friede auf Erden den Menschen seiner Gnade.«

Als die Engel sie verlassen hatten und in den Himmel zurückgekehrt waren, sagten die Hirten zueinander: Kommt, wir gehen nach Bethlehem, um das Ereignis zu sehen, das uns der Herr verkünden ließ.

So eilten sie hin und fanden Maria und Joseph und das Kind, das in der Krippe lag. Als sie es sahen, erzählten sie, was ihnen über dieses Kind gesagt worden war. Und alle, die es hörten, staunten über die Worte der Hirten. Maria aber bewahrte alles, was geschehen war, in ihrem Herzen und dachte darüber nach. Die Hirten kehrten zurück, rühmten Gott und priesen ihn für das, was sie gehört und gesehen hatten; denn alles war so gewesen, wie es ihnen gesagt worden war.

GABRIEL

Der Engel Gabriel, der in der Weihnachtsgeschichte so eine prominente Rolle spielt, ist einer der wenigen, die in der Bibel mit Namen genannt werden. Ungewöhnlich sind auch seine stark femininen Züge und seine häufige Darstellung als Frau.

Im Mittelalter haben sich noch weitere weibliche Engel in die Engelschöre zeitgenössischer Kunstwerke eingeschlichen, wenn auch in untergeordneten Rollen. Die Erzengel galten fast durchweg als männlich und werden auch so dargestellt, mit Ausnahme von Gabriel und (sehr selten) Raphael. Wird er nicht offen als Frau gezeigt, hält Gabriel oft eine Lilie, ein verschlüsseltes Zeichen für Weiblichkeit. Vielleicht hängt das mit seiner Verbindung zu Fruchtbarkeit und Geburt zusammen. In jeder anderen Kultur wäre Gabriel eine Göttin gewesen.

Wie auch in anderen Bereichen war die Kunst den Theologen in menschlichen Fragen oft einen Schritt voraus und schwächte die Botschaft ab. In der Theologie galt die Vorstellung von Gabriel als einer Frau als der Häresie nahe und die Engel waren in der Bibel grundsätzlich »er«, wenn nicht gar völlig geschlechtslos (Matthäus 22,30): »Denn nach der Auferstehung werden die Menschen nicht mehr heiraten, sondern sein wie die Engel im Himmel.« (Siehe auch Markus 12,25.)

Swedenbourg widersprach dem mit dem Argument, Engel, die ja von Menschen abstammten, seien sowohl männlich als auch weiblich und gingen sogar spirituelle Ehen ein. Aber auch diese Idee setzte sich nicht durch.

In der jüdischen Mythologie besteht das Problem darin, dass der weibliche Aspekt Gottes, die Schechinah, zusammen mit dem verteufelten ersten Weib Adams, Lilith, so weit in die esoterischen Randbereiche verbannt worden war, dass Engel nahezu zwangsläufig männlich sein mussten.

Im Gnostizismus wurde die Schechinah als Sophia oder Weisheit identifiziert, der viele Psalmen gewidmet wurden. Sophia war sowohl Mutter als auch Geliebte der hohen Archonten (ungefähr den Erzengeln vergleichbar). Nach einer Weile langweilten ihre himmlischen Liebhaber sie jedoch und sie interessierte sich für die physische Welt. Als sie die Archonten verließ, um die Welt zu erkunden, wurde sie dort von deren Eifersucht gefangen und zur Prostitution gezwungen. Nachdem Sophia viele Zeitalter lang auf diese Weise gedemütigt worden war, konnte sie mittels ihrer Weisheit entkommen.

Sie wurde wieder in die höchste Himmelssphäre aufgenommen. In einem apokryphen Text sagt sie: »Ich bin die Erste und Letzte, die Geehrte und Angespieene, die Hure und die Heilige, Eheweib und Jungfrau, trocken und fruchtbar.«

Ein gnostischer Kult beruht auf der Annahme, dass Maria Magdalena Sophias Drama in ihrem eigenen Leben durchlitten hat. Wie beim verlorenen Sohn wird ihre Tugend dadurch zu etwas Besonderem, dass sie durch Erfahrung, Leiden und letztendliche Einsicht erworben wurde, statt durch blinden Gehorsam.

Allerdings galt dieses faszinierende metaphysische Drama der frühen Kirche als Ketzerei und musste auf anderen Wegen bekannt werden, wie die Legenden, die sich hartnäckig um Magdalena rankten und die sich um die Jungfrau Maria und den angeblich männlichen Engel Gabriel entwickelten.

In der Vergleichenden Mythologie wird Gabriel häufig mit Astarte oder Ishtar gleichgesetzt, und es war und ist ein gängiger Ratschlag an werdende Mütter, Gabriel zu bitten, sie sicher durch die Wehen zu geleiten. Einer Legende zufolge ist es Gabriel, der entscheidet, welche Seelen geboren werden, und der sie in den neun Monaten im Mutterleib unterweist, um sie schließlich stumm zu machen und mit einem Zauber des Vergessens zu belegen, indem er einen Finger auf ihre Lippen drückt. Dies soll die Ursache für die ausgeprägte Nasenrinne in der Oberlippe sein, die so typisch für Neugeborene ist.

Gabriel ist zudem der Engel des Mondes, des weiblichsten der großen Gestirne. In New-Age-Kreisen wird er gerne als »Gabrielle« geschrieben, aber der Gabriel der Bibel vollbringt auch viele unmissverständlich »männliche« Taten. Eine mögliche Erklärung ist, dass zwei völlig unterschiedliche Wesenheiten mit demselben Namen versehen wurden. Dies ist sogar relativ wahrscheinlich, da es nur drei Engelsnamen in den Kanon der Bibel geschafft haben, sodass alle Erscheinungen tendenziell einem von ihnen zugeschrieben wurden.

∫PHÄRENMUSIK

Die Hirten der Weihnachtsgeschichte waren beileibe nicht die einzigen, die den Gesang der Engelschöre vernommen haben. Himmlische Symphonien und große Gesänge begleiten für gewöhnlich ihre Auftritte, wie zahllose Zeugen über die Jahrhunderte bestätigt haben.

Engel und Musik sind untrennbar miteinander verbunden. Wenn sie nicht in riesigen Chören die Musik der Schöpfung singen und wie Schwäne um den Brunnen des Lichts im Zentrum der Schöpfung kreisen, von der Entfaltung des Universums in unendlich vielfältigen, doch mühelosen Harmonien berichtend, findet man Engel in Kunst und Legende beim Spielen jedes nur erdenklichen Instruments. Musik ist ihre Muttersprache, wie Dante es beschreibt:

Eingreifend Tanz in Tanz und Sang in Sang;
Sang, hold verhaucht bei diesem Strahlentanze,
Dem unsrer Musen und Sirenen Lied
So weicht, wie Widerschein dem ersten Glanze.

DANTE, *DIE GÖTTLICHE KOMÖDIE: PARADIES*, 12. GESANG

Engel sollen auch über eine eigene Form der Schrift und Sprache verfügen, die für Menschen unverständlich ist. Es existieren viele geniale Fälschungen – ganze Bücher, die vielleicht sogar das Geheimnis des Universums enthalten, wenn man nur die Schrift entschlüsseln könnte. Das berühmteste Buch ist das, das der Erzengel Raziel geschrieben haben und Adam nach der Vertreibung aus Eden gegeben haben soll. Eine Schlüsselpassage in der Mitte soll in geheimer Schrift die 1500 Schlüssel zum Mysterium der Welt enthalten, die nicht einmal die Engel besitzen.

Von Adam ging das Buch an Henoch (der vieles daraus für sein eigenes Buch übernommen haben soll), dann an Noah und Salomon, der seine Weisheit zum größten Teil aus ihm bezog. Manche glauben, es habe bis heute als das geheimnisvolle *Sefer Raziel* oder *Buch des Engels Raziel* überlebt. Es sind antiquarische Kopien im Handel, bei denen es sich aber wohl meist um mittelalterliche Fälschungen handelt.

Die Gregorianik, Bach, Beethoven und Händel beschwören alle Visionen von Engelsorchestern und -chören, aber Komponisten, die tatsächlich von himmlischer Musik inspiriert wurden, beklagen, wie wenig sie sie wiedergeben können. Bestenfalls gelingt es ihnen, eine zarte Andeutung des Originals einzufangen und in ihr eigenes Idiom zu übertragen. Und das alles trotz der offensichtlichen Versuche himmlischer Besucher, ihre Musik an die Möglichkeiten ihres Publikums anzupassen, bis hin zur Auswahl der Instrumente.

Es gibt zahllose Beispiele von Engeln inspirierter Musiker und anderer Menschen, aber nur wenige berühmte Vertreter passen zu unserem Thema. Der große Traditionsstifter war der Hl. Johannes, Autor der Offenbarung, der sich offensichtlich an einige der

Engelshymnen aus seiner berühmten Vision der Insel Patmos erinnern konnte. Sie waren eine Zeit lang berühmt, gingen dann aber verloren oder wurden mit der Zeit verfälscht. Beda Venerabilis (der Ehrwürdige, ca. 675–735), ein klarsichtiger Chronist der frühen Angelsachsen in Großbritannien, erzählt eine interessante Geschichte über einen der ersten bekannten englischen Hymnenschreiber, Caedmon, der circa 680 starb.

Caedmon komponierte eine Fülle von Hymnen in altenglischer Sprache, die eine wichtige Rolle bei der Christianisierung der Angelsachsen spielten. Davor war es schwer, die christliche Botschaft zu vermitteln, weil die Heilige Schrift nur auf Latein vorlag, es nur wenige Kopien gab und sowieso kaum jemand lesen konnte. Lieder und Texte waren die wichtigsten Kulturträger und die frühe sächsische Kirche konnte dem kraftvollen heidnischen Erbe der potenziellen Konvertiten nichts entgegensetzen.

Caedmon selbst scheint erst in hohem Alter zu musikalischem Talent gelangt zu sein. Er war ein Arbeiter auf den Ländereien der Abtei von Whitby und so unmusikalisch, dass er sich verschämt aus dem Saal und in die Ställe schlich, sobald nach dem Abendessen die Harfe herumgereicht wurde, wie es damals Brauch war. Bei einer solchen Gelegenheit fütterte er die Tiere und schlief dabei im Heu ein.

In seinem Traum erschien ihm ein »Mann« und sagte: »Caedmon, sing mir etwas vor.«

»Ich kann nicht singen«, antwortete Caedmon. »Deshalb habe ich das Mahl verlassen.«

Der Fremde sagte: »Aber für mich sollst du singen.«

»Worüber soll ich singen?«, fragte Caedmon.

»Sing über die Schöpfung der Welt«, antwortete der Fremde.

Und in seinem Traum sang Caedmon plötzlich eine perfekte und wunderschöne Hymne, die er noch nie zuvor gehört hatte. Sie begann in etwa so, auch wenn viel von dem Zauber durch Abschriften und Übersetzungen verloren gegangen ist:

Preisen wir den Weber des Himmlischen Tuchs,
Die Majestät seiner Macht und Weisheit seines Geistes,
Das Werk des Weltenbewahrers und Wirkers aller Wunder.
Wie der Herr der ew'gen Herrlichkeit
Erst dem Menschen den Himmel als schützendes Dach,
dann ganz Mittelerde zur Heimstatt gemacht.

Am nächsten Morgen konnte sich Caedmon nicht nur an seinen Traum erinnern, sondern auch an jedes Detail seiner Hymne. Er wurde der Äbtissin vorgeführt, der er seine Geschichte erzählte und seine Hymne vorsang. Alle waren verzaubert und stimmten überein, dass ein Engel Gottes Caedmon gesegnet haben musste. Sie baten ihn um eine weitere Hymne zu einem anderen Thema und am nächsten Morgen kam er mit einem ebenso schönen neuen Loblied zurück.

Danach überredete man ihn, Mönch zu werden, und er diktierte seinen Mitbrüdern jeden Morgen eine neue Hymne, da er selbst Analphabet war. Anschließend unterrichteten sie ihn für den Rest des Tages in der Heiligen Schrift. Schließlich übersetze er die Bibel in schlichte, klangvolle angelsächsische Verse, die wesentlich wirksamer waren als jede Pre-

digt, weil sie direkt aus seinem Herzen und seiner Seele kamen.

Beda berichtet: »Er sang von der Schöpfung der Welt, dem Ursprung der menschlichen Rasse und der ganzen Geschichte der Genesis. Er sang vom Auszug Israels aus Ägypten, dem Eintritt ins Gelobte Land und von vielen weiteren Ereignissen der biblischen Geschichte. Er sang von der Menschwerdung, dem Leidensweg, der Auferstehung und Himmelfahrt des Herrn, vom Kommen des Heiligen Geistes und den Lehren der Apostel.« Außerdem komponierte er viele weitere Loblieder nach eigenem Gusto und »krönte so sein Leben mit einem glücklichen Abschluss.«

Jenseits der Hügel ein grünes Land
Jenseits des Golfes ein leuchtendes Band
aus Häusern, wo die Gerechten speisen;
und sanft unter den Bäumen träumen
oder zur Hymne erheben die eigene Stimm'
mit Cherubim und Seraphim.
CHRISTINA ROSETTI, *THE CONVENT THRESHOLD*

Leider sind alle Schriften Bedas bis auf das obige Fragment verloren gegangen, aber die Lieder Caedmons hatten über die Zeit hinweg einen gewaltigen Einfluss, und auch wenn viele versucht haben, seine Kompositionmethode zu kopieren, ist es keinem von ihnen auch nur annähernd gelungen.

Viel später hing auch Joseph Haydn (1732–1809) bei seiner Arbeit vom Wohlwollen der Engel ab, wenn auch nicht so sehr wie Caedmon. Als er bei der Komposition seines großen Oratoriums *Die Schöpfung* nicht weiterkam, zermarterte er sich auf der Suche nach Inspiration nicht das Hirn, sondern suchte in seiner Seele nach Unvollkommenheiten, die seinen Fortschritt hemmten. Er nahm auch keine Meriten für seinen wunderbaren Choral *Es werde Licht* an, den er gegen Ende seines Lebens komponierte, sondern beharrte: »Es kam alles von oben zu mir.«

Georg Friedrich Händel (1685–1759) wurde von seinem Diener nach Vollendung seines berühmten *Hallelujah* in Tränen aufgelöst aufgefunden und erklärte: »Ich dachte, ich sähe den gesamten Himmel und Gott den Großen selbst vor mir.« Händels *Messias* wurde in nur vierundzwanzig Tagen komponiert, während derer er kaum aß und von denen er selber sagte: »Ich weiß nicht, ob ich mich in meinem Körper oder außerhalb davon befand, als ich dies schrieb.«

Selbstverständlich sollen Engel auch die Inspiration für viele Weihnachtslieder geliefert haben, wie zum Beispiel das englische *O Little Town of Bethlehem*. Der Text stammt von Phillips Brooks, der in den 1860ern Rektor der Trinity Church in Boston war, als einer der größten amerikanischen Prediger gilt und später Bischof von Massachussets wurde. Er bat seinen Organisten Lewis Redner, eine Melodie zu seinen Versen zu komponieren. Der arme Mann war völlig rat- und hilflos, bis er in der Weihnachtsnacht von Engeln träumte, die ihm eine Melodie vorsangen, die er nach dem Aufwachen sofort niederschrieb. Das bis heute viel gesungene Lied ist Redner zufolge also ein Geschenk der Engel.

Ein weiterer berühmter Prediger ist William Cushing, der sein musisches Talent 1876 entdeckte, nachdem er sein Sprachvermögen verloren hatte und nicht mehr predigen konnte. Während er um Führung betete, hatte er eine Vision des Paradieses. Sie wurde von einer Hymne begleitet, die er niederschrieb und so eine neue Berufung fand. Schon bald wurden viele seiner Loblieder rund um die Welt gesungen. Seine vielleicht bekannteste Hymne ist *Jewels (When He Comes)*.

Viele Menschen, die sich anlässlich einer Nahtoderfahrung an Visionen von Engeln und himmlischem Licht erinnern können, erwähnen auch Musik. Sie ist Teil des Gefühls von Glückseligkeit und Befreiung, das sie angesichts der Rückkehr ins Leben zögern lässt, wenn sie noch nicht bereit sind, ihre sterbliche Hülle zu verlassen. Interessanterweise haben Atheisten und Agnostiker solche Visionen genauso häufig wie Gläubige, was darauf hindeutet, dass Engel sich wesentlich weniger für die religiösen Orientierungen der Menschen interessieren als für den Menschen selbst.

Im Islam ist der Schutzengel der Musik Israfel (»Der Feurige«), der am Jüngsten Tag die Trompete blasen wird. Israfel soll Mohammed drei Jahre lang begleitet haben, um ihn auf sein großes Werk vorzubereiten, bevor Gabriel übernahm. Eine weitere islamische Legende sagt, dass der Schöpfergott Israfel, Michael, Gabriel und Azrael in die vier Ecken der Welt sandte, um Staub für die Erschaffung Adams zu sammeln. Allerdings wird Israfel im Koran nicht namentlich erwähnt.

KAPITEL VIER

GÖTTLICHE BOTEN

*Da erschien dem Zacharias ein Engel des Herrn;
er stand auf der rechten Seite des Rauchopferaltars.*

LUKAS 1,11

D as Wort Engel stammt vom lateinischen *angelus* oder dem griechischen *aggelos,* was schlicht »Bote« bedeutet. Im Persischen und in Sanskrit heißt es *angaros,* während die Engel im Hebräischen *mall'akh* genannt werden, was ebenfalls »Bote« heißt, da die Hauptaufgabe der Engel in der Bibel darin besteht, den Menschen Botschaften von Gott zu übermitteln. Einige greifen direkt ein, indem sie zum Beispiel die Israeliten aus Ägypten führen, die Armeen Sanheribs, die Jerusalem belagern, zerstören oder die Apostel aus dem Gefängnis retten. Meist aber übermitteln sie schlicht Gottes Willen oder Warnungen.

Gott selbst tritt selten in Erscheinung. Gelegentlich scheint er sich direkt an seine Propheten zu wenden oder als der Hochbetagte oder als brennender Busch in ihren Visionen zu erscheinen. Meist aber sendet er einen Engel. Johannes schreibt zu Beginn seines Evangeliums: »Niemand hat Gott je gesehen« (Johannes 1,18).

Die Idee der Engel stammt aus dem Mittleren Osten. In anderen Kulturen übernehmen Götter und Göttinnen (bei den Kelten auch Feen) die Aufgaben der Engel. Sobald sich aber die Vorstellung einer einzigen, überlegenen Gottheit durchgesetzt hatte, brauchte es eine andere Klasse von Wesen, die auf göttlicher Ebene wirken, ohne selber Gottheiten zu sein (in der *Genesis* wird auf sie so Bezug genommen).

Engel sind kein rein jüdisches Konzept, die Juden haben diese Idee im Exil von ihren Nachbarn, den Babyloniern, freimütig übernommen. Viele Engel sind in Wirklichkeit babylonische Gottheiten in Verkleidung, was im Talmud von Jerusalem eingestanden wird, der erwähnt, dass die Namen der Engel aus Babylon stammen.

Die das Feuer verehrenden Zarathustrier Persiens hatten ebenfalls einen enormen Einfluss auf den jüdischen und christlichen Glauben, der heute weitgehend in Vergessenheit geraten ist. Viele von Henochs Visionen, die das frühe Christentum beeinflussten, sind nahezu identisch mit dem zarathustrischen Bild von der spirituellen Welt. Sie wurden dem Propheten Zarathustra (griech.: Zoroaster) etwa 500 v. Chr. von einem Engel namens Vohu Manah (Guter Geist) offenbart, so wie ein gutes Jahrtausend später der Engel Gabriel Mohammed den Koran diktierte. Selbst das Konzept der sieben Engel, die »im Angesicht Gottes stehen«, ist zarathustrisch und die Engel sind eng mit dem Feuer assoziiert.

Engel sind Mittler zwischen den Menschen und einer Wesenheit, die zu überwältigend für uns ist, um ihr direkt gegenüber zu treten. Selbst Henoch musste während seiner Vision vom Himmel sein Gesicht verhüllen, um nicht von dem vernichtet zu werden, was er sah.

Es gibt Engel für jede Ebene des Paradieses, von der einfachsten, die einer idealisierten und gereinigten Erde gleicht, bis hin zu solchen, die sich unserem Verständnis entziehen und die Visionäre wie William Blake nur noch als glühende Ringe immer reineren, brennenderen Lichts beschreiben können. Einige Engel begleiten uns ständig, Schutzengel und Fürstentümer, die über Nationen und Städte und alle gemeinschaftlichen menschlichen Unternehmungen wachen.

Andere sind weiter weg. Ihre Heimat sind die inneren Sphären des Himmels, aus denen sie nur gelegentlich und in großer Not in unsere Welt wechseln können (Eine Ausnahme sind einige wenige Erzengel, die auf allen Ebenen zu Hause zu sein scheinen). Sie sind mit dem Willen Gottes vertraut, und ihre Botschaft zu ignorieren endet immer in der Katastrophe.

Neben den Schutzengeln sind die Erzengel die bekanntesten. Die meisten von uns können mindestens drei nennen: Michael, Gabriel und Raphael, die als einzige in der Bibel mit Namen genannt werden (wobei sich Raphael nur in der katholischen Bibel im *Buch Tobit* findet). Der 29. September ist der katholische Feiertag für diese drei, die weithin als die drei Engel gelten, die Abraham besuchten (Genesis 18).

Das Seltsame an Erzengeln ist, dass sie an zweiter Stelle in der Hierarchie stehen, ihre Führer aber auch über die Seraphim und Cherubim, die höchsten Ränge, befehlen. Sie scheinen auf vielen Ebenen gleichzeitig zu existieren. Michael und Gabriel sind beispielsweise Seraphim und damit der göttlichen Quelle am nächsten. Aber in der Bibel sind sie zugleich Gottes aktivste Boten in unserer Welt. Sie sind gleichzeitig die nächsten zur Quelle des Lichts und die zweitnächsten zu unserer Welt, mit der sie intensiv befasst sind – ist sie doch das Hauptschlachtfeld im andauernden Kampf zwischen Himmel und Hölle.

Es ist nicht immer klar, ob es nun vier oder sieben Erzengel gibt oder ob diese nur die Anführer zahlloser weiterer sind. Unumstritten ist, dass die vier wichtigsten Erzengel Michael, Gabriel, Raphael und Uriel (oder Phanuel) sind. Weitgehend akzeptiert ist, dass es sieben »Engel, die vor Gott stehen« gibt, unter denen diese vier die wichtigsten sind. Über die übrigen drei gibt es praktisch keine Einigkeit.

Henoch nennt sie Raguel, Seraqeal und Haniel. Bei Pseudo-Dionysius heißen sie Chamuel, Jophiel und Zadkiel. Zadkiel wird auch häufiger in anderen Quellen genannt, aber ansonsten herrscht nur noch Einigkeit darüber, dass auch Satan oder Luzifer vor seinem Fall zu den Erzengeln zählte.

ERZENGEL

Michael

Dieser Name bedeutet »Der wie Gott ist«, weil Michael sowohl im Christentum als auch im Islam und im Judentum als der größte der Engel angesehen wird, der seit Satans Rebellion Gott am nächsten steht. Michael führte die himmlischen Scharen gegen die rebellierenden Engel und soll dies in der großen Schlacht am Ende der Zeit erneut tun. In der Beschreibung der Schlacht im Qumran-Text *Der Krieg der Söhne des Lichts gegen die Söhne der Dunkelheit*, die in der Bibel fehlt, führt Michael die himmlischen Scharen gegen Belial, den Prinzen der Finsternis, also Satan.

Michael ist der Anführer der Seraphim, Fürstentümer und anderen Ränge neben den Erzengeln. Henoch zufolge »waltet er über die menschlichen Tugenden und befiehlt den Nationen«, allen voran Israel, dessen Wächter er ist. Die Chaldäer verehrten den Erzengel Michael als Gott und in der Avesta, der heiligen Schrift der Zarathustrier, wird er mit dem Heiland Saoschjant gleichgesetzt.

Michael wird oft als der Engel genannt, der Moses im brennenden Busch erschien (Exodus 3,2). Der Legende nach kämpfte er nach Moses Tod mit Satan um dessen Leichnam. Er wurde auch zu Daniel geschickt, als dieser in den Händen Nebukadnezars litt (Daniel 3,28; 6,22),

auch wenn manche glauben, das sei eher Gabriel gewesen. Im jüdischen Mystizismus wird er die »Herrlichkeit« der Schechinah, des weiblichen Aspekts Gottes genannt, die sich von Gott entfremdete, als Adam und Eva aus dem Paradies vertrieben wurden. Es gibt die Meinung, dass der einzige Sinn der Thora oder des jüdischen Glaubens darin bestehe, die männlichen und weiblichen Aspekte der Göttlichkeit wieder zu vereinen.

Die Cherubim wurden aus den Tränen geformt, die Michael über die Sünden der Menschen vergoss, wobei es an anderer Stelle auch heißt, dass seine Tränen einfach zu Edelsteinen wurden. Er ist nicht nur Gottes wichtigster Bote, sondern auch der wichtigste Fürsprecher bei Gott um Gnade für uns Menschen. Die jüdische Tradition nennt ihn als Autor des Psalms 85, der Gott dafür preist, dass er seinen Zorn von seinem Volk abwandte.

Michael wird meist mit Schwert und Rüstung dargestellt, um ihn als Schlachtführer der himmlischen Scharen herauszustellen. Er ist auch häufig mit einer Waage zu sehen, weil er es sein wird, der beim Jüngsten Gericht die Seelen wiegt. Darin ist er mit dem ägyptischen Gott Anubis verbunden, mit dem er die Zuordnung zum Stern Sirius teilt.

Am häufigsten sehen wir Michael im Kampf gegen einen Drachen (Satan), obwohl er in der Kunst nach und nach durch den Hl. Georg ersetzt wurde. In der Vergleichenden Mythologie setzt man Michael mit Merkur (griech.: Hermes) gleich, dem Führer der Seelen ins Land der Toten und Schutzheiligen aller Formen der Kommunikation, vor allem der Musik. Es war Michael, der die Jungfrau Maria von ihrem bevorstehenden Tod unterrichtete, so wie Gabriel ihr die unbefleckte Empfängnis ankündigte. Daneben gibt es noch weitere Todesengel, jeder für eine andere Gruppe verantwortlich: Kinder, Krieger und Könige.

Dem Hl. Michael geweihte Kirchen sind in Europa oft auf den Ruinen alter Tempel des Merkur oder des Hermes errichtet oder an Orten , die mit Drachen in Verbindung gebracht werden, wie dem St. Michael's Mount in Cornwall oder dem Mont Saint Michel in der Bretagne, denen seit prähistorischen Zeiten Erdkräfte zugesprochen werden.

In der Astrologie wird Michael mit der Sonne assoziiert, Herrscherin im Zeichen des Löwen.

Gabriel

Wie schon erwähnt, hat Gabriel (»Gott ist meine Stärke«) viele weibliche Konnotationen, ist aber beispielsweise im *Buch Daniel* eindeutig männlich. Dort erscheint er in Kapitel 8, um Daniels Vision über die Eroberung des persischen Reichs durch Alexander den Großen zu erklären, und in Kapitel 9 erläutert er eine weitere Vision. Gabriel soll auch der Engel gewesen sein, der Sodom und Gomorrha zerstörte.

An anderer Stelle, vor allem bei Henoch, sitzt Gabriel im siebten Himmel zur Linken Gottes. Hier würde man eigentlich die Ehefrau Gottes vermuten, was erneut andeutet, dass Gabriel vielleicht nicht wirklich weiblich ist, aber eine feminine Kraft darstellt.

Gabriel ist gleichzeitig Herrscher der Cherubim im siebten Himmel und Herrscher der Schutzengel im ersten, wohin die meisten Sterblichen nach dem Tod gehen. Er/sie ist außerdem der Lehrer von Jesu Stiefvater Joseph und soll auch Johanna von Orleans inspiriert haben.

In der babylonischen Legende wurde Gabriel eine Zeit lang aus dem Angesicht Gottes verbannt, weil er einen Befehl nicht getreu ausgeführt hatte. Bis der Frieden wiederhergestellt war, trat der Schutzengel Persiens, Dobiel, an seine Stelle.

Im Islam ist Gabriel (oder »Djibril mit den 140 Flügeln«) der Engel der Wahrheit, der Mohammed Vers für Vers den Koran diktierte. Im Islam gibt es auch einige Verwirrung zwischen Gabriel und dem Heiligen Geist, was erneut auf das Feminine verweist, da es selbst im Christentum Spekulationen dahingehend gibt, dass der Heilige Geist den femininen Aspekt Gottes darstellt. Darüber hinaus ist Gabriel einer der Engel, die Jesus am Vorabend der Kreuzigung in Gethsemane trösteten.

In der Astrologie entspricht Gabriel dem Mond, dem Herrscher im Zeichen des Krebses.

Raphael

Raphael (»Heiler Gottes«) gehört mehreren Engelsordnungen an (Seraphim, Cherubim, Herrschaften und Gewalten), aber seine Hauptaufgaben sind die Leitung der Schutzengel im ersten Himmel und die Inspiration von Heilern von Körper und Seele. Raphael gilt als der freundlichste und zugänglichste der Erzengel und er soll sogar Humor haben, was unter den höheren Engeln wirklich selten ist!

Im *Buch Tobit* (das sich nur in der katholischen Bibel findet) lehrt er Tobits wirrköpfigen Sohn Tobias den medizinischen Wert der Teile verschiedener Fische und wie man einige dazu verwenden kann, Dämonen auszutreiben. Dies erweist sich bald als praktisch, da Tobias eine Frau heiraten soll, deren sieben vorige Verlobte in der Hochzeitsnacht (vor Vollzug der Ehe) von dem eifersüchtigen Dämon Asmodeus umgebracht wurden, der sich in sie verliebt hatte.

Als Heiler half Raphael, die Schmerzen Abrahams nach der spät im Leben erfolgten Beschneidung zu lindern, und heilte Jakobs Hüfte, die er sich im Kampf mit einem anderen Engel, der abwechselnd als »alle Erzengel« und auch schon als Gott selbst identifiziert wurde, ausgerenkt hatte (Genesis 32). Raphael ist außerdem Schutzheiliger anderer Wissenschaften. Er beriet Noah beim Bau der Arche und half Salomon beim Tempelbau.

Raphael war ursprünglich eine chaldäische Gottheit namens Labbiel und erklärt im *Buch Tobit*, dass er einer der sieben heiligen Engel sei, die vor dem Thron Gottes stehen (Tobit 12,15). Zudem ist er einer der sieben Engel der Apokalypse und wird häufig Regent der Sonne genannt, auch wenn der Titel häufiger Uriel zugeschrieben wird. Raphael ist der Regent des zweiten Himmels und Hauptwächter des Baums des Lebens. Er war der Lehrer Isaaks.

In der Astrologie wird Raphael mit Merkur assoziiert, Herrscher der Sternzeichen Zwillinge und Jungfrau.

Uriel

Uriel (»Flamme Gottes«) wird im *Buch Henoch* als Engel beschrieben, »welcher gesetzt ist über Lärmen und Schrecken«. Das heißt, er ist wie Michael einer der himmlischen Scharführer gegen die rebellierenden Engel. In der Offenbarung ist es vermutlich Uriel, der als Regent der Sonne die Vögel der Lüfte herbeiruft, damit sie sich an den Gefallenen laben. Er ist auch der Herrscher des Tartaros, des Totenreichs. Einige sagen, es sei Uriel gewesen, der Noah vor der Sintflut warnte, während es im *Buch Henoch* Henoch selbst ist, da ein Großteil des Buchs an Noah adressiert ist.

Im Jahr 745 entschied ein Konzil unter Papst Zacharias, dass das allgemeine Interesse an Engeln viel zu weit gehe, und degradierte Uriel und alle anderen Engel, die nicht namentlich in der Bibel genannt werden. Im Anschluss wurden sterbliche Heilige zu Schutzpatronen verschiedenster menschlicher Aktivitäten erhoben und übernahmen nach und nach die Pflichten der Engel. Oberflächlich betrachtet, war dies ein voller Erfolg und die Engel

Da hatte er einen Traum:
Er sah eine Treppe,
die auf der Erde stand
und bis zum Himmel reichte.
GENESIS 28,12

wurden für die meisten Christen eher schattenhafte, namenlose Scharen, die hauptsächlich im Himmel wirkten. Aber in den mystischen Randgebieten des Christentums gedieh die Engelslehre ungehindert.

Trotz seiner Degradierung blieb Uriel sehr beliebt und hat auch einen Auftritt in John Miltons *Das verlorene Paradies*, wo er auf einem Sonnenstrahl durch den Abend gleitet. Er gilt auch als einer der aussichtsreichsten Kandidaten für den Engel, der in Penuël mit Jakob kämpfte (Genesis 32,25), woraufhin Jakob in Israel umgetauft und Führer seines Volkes wurde. Weitere Kandidaten sind Michael, Metatron und Gott selbst. Uriel ist aber der wahrscheinlichste, da er als einen weiteren Namen Jakob-Israel trägt, was auf eine Teilung oder einen Austausch der Persönlichkeiten während des Kampfes hindeutet.

Es gibt sogar die Ansicht, dass Jakob in Wahrheit eine Inkarnation seines »Lehrers« Uriel sei und der Kampf aus seiner Weigerung heraus entbrannte, dies zu akzeptieren.

Der jüdischen Tradition zufolge war es Uriel, der die Horden des assyrischen Königs Sanherib »mit einer geschärften Sense, die bereits seit der Schöpfung bereitstand« zerschmetterte, als diese Jerusalem belagerten. Er tötete 185 000 Soldaten in einer Nacht, was darin endete, dass Sanherib nach seiner schmachvollen Heimkehr von seinen eigenen Söhnen erschlagen wurde (2 Könige 18–19; Jesaja 36–37).

Phanuel und Chamuel scheinen andere Namen für denselben Engel zu sein.

In der Astrologie ist Uriel dem Mars gleichgestellt, Herrscher in den Zeichen Widder und Skorpion.

Anael

Anael ist einer der sieben Engel der Schöpfung und Führer der Fürstentümer. Er befasst sich vor allem mit der menschlichen Sexualität und, als Herrscher des zweiten Himmels, mit der Überwachung des Verkehrs zwischen diesem und dem ersten. Anael wird oft mit Ariel verwechselt, dessen Namen Shakespeare für den Kobold in *Der Sturm* borgte. Ariel (»Löwe Gottes«) wird häufig mit einem Löwenkopf dargestellt und gilt als der Schutzengel Jerusalems. Verwirrenderweise wird er auch oft als einer der gefallenen Engel bezeichnet, verantwortlich für die Bestrafungen in der Unterwelt. Vermutlich gab es zwei Engel mit dem gleichen Namen. Gute und böse Engel werden häufig auf diese Weise vereint, wodurch auch angedeutet wird, dass es sich sogar um ein und denselben Engel handelt, der verschiedene Rollen im Himmel und in der Hölle spielt. Dies führt aber zu einigen schwierigen Fragen in Bezug auf Moral und die Natur des Bösen, die bisher niemand zu beantworten vermochte.

In der Astrologie ist Anael mit der Venus assoziiert, Herrscherin in den Sternzeichen Stier und Waage.

Zadkiel

Zadkiel (»Rechtschaffenheit Gottes«) wird oft mit einem Dolch dargestellt, da er weithin als der Engel gilt, der Abraham davon abhielt, seinen Sohn als Zeichen seiner Glaubensstärke zu opfern. Neben Jophiel ist er einer der beiden Standartenträger, die direkt hinter Michael in die Schlacht ziehen. Zadkiel gilt auch als Engel der Güte, der Gnade und des Erinnerns. Er ist Führer der Engelsordnung der Herrschaften und einer der sieben Erzengel, die in der Gegenwart Gottes stehen.

In der Astrologie ist Zadkiel mit Jupiter assoziiert, Herrscher in den Zeichen Fische und Schütze.

Oh, nicht Grausamkeit noch Zorn geflucht
Kam Gevatter Tod an diesen Ort;
Ein Engel war's, der die Erde besucht
Und nahm die Blumen hinfort.
LONGFELLOW

Cassiel

Cassiel (»Gottes Schnelligkeit«) wird fast nirgendwo als einer der sieben Engelsprinzen genannt, soll aber der Herrscher des siebten Himmels sein und gilt gemeinhin als Entsprechung des Gottes Saturn in Engelsgestalt.

Es ist nicht viel über Cassiel bekannt, außer dass er »Der Engel der Einsamkeit und der Tränen ist, der die Einheit des ewigen Königreichs aufzeigt.« Er ist der Engel der Mäßigung und Geduld und drückt damit die positiven astrologischen Aspekte des Saturn aus. Darüber hinaus ist er einer der führenden Todesengel, der (wie Saturn in seinem Aspekt als Sensenmann) die Toten in den Himmel geleitet. Cassiel kümmert sich hauptsächlich um den Tod von Königen und er ist nur insofern ein finsterer Todesbote, als nur wenige Menschen wirklich bereit für sein Kommen sind. Im jüdischen Zohar ist Cassiel zusammen mit dem Engel Hizkiel Gabriels wichtigster Standartenträger in der Schlacht. In der Astrologie ist Cassiel (Zaphkiel) mit dem Saturn assoziiert, Herrscher in den Zeichen Wassermann und Steinbock.

Metatron

Die oben aufgeführten sieben Engel korrespondieren mit den astrologischen Herrschern. Ob sie alle sieben auch die Engelsprinzen sind, ist umstritten, da hierfür auch viele weitere infrage kommen. Die Liste ist lang, deshalb beschreiben wir nur die auffälligsten.

Einer der geheimnisvollsten Engel ist Metatron, dessen Name ungewöhnlicherweise nicht wie die der anderen auf »-el« endet. Metatron wird des Öfteren mit Michael verwechselt, besitzt aber eine eigene Identität. Wie Michael wird auch Metatron häufig als Erster Engel, Prinz der Göttlichen Gegenwart und sogar als Kleiner Jehova bezeichnet, was für manche darauf hindeutet, dass es jenseits der Erzengel weitere Stufen von Wesenheiten gibt, die für die Engel mit dem Göttlichen verkehren.

In der jüdischen Tradition steht Metatron oft über Michael und Gabriel. Er konnte die beiden ägyptischen Zauberer Jannes und Jambre aus dem Himmel vertreiben, in den sie sich mittels Magie eingeschlichen hatten, nachdem die anderen Erzengel versagt hatten. Einige Quellen sagen, Metatron sei eine Zeit lang als der Prophet Henoch auf der Erde inkarniert gewesen und sei nach seiner Rückkehr in den Himmel zu einem Feuergeist mit 36 Schwingenpaaren und zahllosen Augen geworden. Wird er mit kabbalistischen Riten angerufen, erscheint Metatron meist als Flammensäule mit einem Gesicht, das strahlender als die Sonne ist. Er gilt als der Engel, der die Israeliten nach der Flucht aus Ägypten nachts als Feuer- und tagsüber als Rauchsäule durch die Wüste geleitet hat (Exodus 13,21).

Metatron soll der größte der Engel sein und direkt neben Gottes Thron im siebten Himmel wohnen. Er ist der Zwilling des Engels Sandalphon, der manchmal auch als der weibliche Cherubim auf der Bundeslade genannt wird. Damit sind Metatron und Sandalphon Gegenstücke zu Jehova und Schechinah, den männlichen und weiblichen Aspekten der Göttlichkeit. Allerdings wurde Sandalphon ungeachtet dieser Weiblichkeit offensichtlich als der Prophet Elija inkarniert, der wie Henoch an seinem Lebensende zum Himmel auffuhr, ohne sterben zu müssen.

Die Ursprünge des Namens Metatron sind unbekannt, aber nach herrschender Meinung bedeutet er »Der auf dem Thron neben Gott sitzt.«

Raziel

Raziel (»Gottes Geheimnis«) ist ein weiterer Schutzpatron des Lernens, vor allem der mystischen Lehren, und ist der »Engel der geheimen Regionen und Herrscher der Obersten Geheimnisse.« Raziel gilt als Autor des weiter vorne erwähnten Buches, das alle Geheimnisse der Welt enthält. Ob das heute kursierende *Buch des Engels Raziel* nun eine Fälschung ist oder nicht, es ist eine Schatzkammer der Engelslehre, die zu plündern sich lohnt. Der Legende nach waren die anderen Engel eifersüchtig, als er es Adam übergab. Sie warfen das Buch ins Meer, aber Gott befahl Rahab, dem Engel der Tiefe, danach zu suchen und es zurückzubringen.

Nach jüdischer Überlieferung steht der Erzengel Raziel jeden Tag auf dem Berg Horeb und verkündet der ganzen Welt die Geheimnisse der Menschheit. Er ist der Führer der Ordnung der Throne oder Erelim, der »Krieger«, von denen *Jesaja 33,7* berichtet, und die aus weißem Feuer bestehen und über Gras, Bäume, Früchte und Getreide wachen.

Ramiel

Ramiel (»Gnade Gottes«) steht neben Michael, wenn die Seelen gewogen werden, und führt sie anschließend ins Paradies (wenn sie die Prüfung bestehen). Er ist auch der Spender wahrer Visionen und wird oft mit Uriel gleichgesetzt. In der apokryphen *Apokalypse des Baruch* wird Ramiel als der Engel genannt, der Baruchs Vision interpretiert, und er scheint derjenige zu sein, der die Horden Sanheribs zerstörte. Henoch nennt Raziel sowohl einen Erzengel als auch einen gefallenen, wobei hier wahrscheinlich zwei Engel denselben Namen teilen. In John Miltons *Das verlorene Paradies* tritt Raziel als gefallener Engel auf, der am ersten Tag der Schlacht im Himmel geschlagen wird.

Dies sind nur die berühmtesten Erzengel. Sie sind die Hauptkandidaten für die erlesene Gruppe in unmittelbarer Nähe Gottes im siebten Himmel. Die Kabbala und andere esoterische Werke führen noch unzählige weitere an, bei denen es sich aber häufig nur um andere Namen für die gleichen Wesenheiten handelt. Es ist aber durchaus möglich, dass die vier oder sieben großen Erzengel nur die Prinzen einer großen, bisher unbekannten Ordnung von Erzengeln sind. Es wurde auch schon vorgeschlagen, alle Engel über dem ersten Rang als »Erzengel« zu titulieren, was bedeutet, dass sie unzählbar viele sind.

Der Koran erwähnt vier Erzengel, nennt aber nur Michael und Gabriel. Die Überlieferung benennt die beiden anderen als Azrael (auch als Ariel bekannt) und Israfel, den Engel der Musik.

KAPITEL FÜNF

ENGELS-CHÖRE
DIE HIMMLISCHE HIERARCHIE

So sah ich denn, geformt als weiße Rose,
Die heil'ge Kriegsschar.
Sie senkt, ein Bienenschwarm, der jetzt ergründet
Der Blüten Kelch, jetzt wieder dorthin eilt,
Wo würz'ger Honigseim sein Tun verkündet,
Lebend'ger Flamm', ihr Antlitz zu vergleichen,
Die Flügel Gold, das andre weiß und rein,
Sodass nicht Reif noch Schnee den Glanz erreichen.

DANTE, *GÖTTLICHE KOMÖDIE*: PARADIES, GESANG 31

*D*a Musik wesenhaft zu Engeln gehört, ist ihre Hierarchie in Chöre gegliedert. In Zeiten himmlischer Kriege sind sie gleichzeitig auch Regimenter. Ihre wichtigste Pflicht ist allerdings zu singen und die Musik der Sphären zu spielen. Die Sphärenmusik hilft dem Universum, sich zu entfalten, und nur so kann das Licht aus dem Zentrum in die entlegensten Regionen vordringen. Das Wohlgefühl, das wir manchmal bei Musik empfinden, ist nur ein zarter Schatten dessen, was die Sphärenmusik der Engel bewirkt.

Es gibt zwar leichte Abwandlungen, doch die meisten Engelslehren stimmen mit der Ordnung des Pseudo-Dionysius grob überein. Unstimmigkeiten gibt es hauptsächlich in Bezug auf die genaue Reihenfolge der mittleren Chöre, der Herrschaften, Gewalten und Tugenden. Über die Identität der höheren und der niederen Chöre herrscht fast uneingeschränktes Einverständnis.

Pseudo-Dionysius teilte die Engel in neun Chöre. Er begann mit den Seraphim und Cherubim, die die Sphäre am nächsten zu Gott bewohnen. Um diese beiden Engelsordnungen und darum, welche von ihnen die höhere ist, herrscht einige Verwirrung. Da sie aber beide so weit von unserer Realität entfernt sind, muss man dies nicht allzu schwer nehmen. Dionysius unterteilt die Engelschöre weiterhin in drei Triaden und vermutet, dass jede Ordnung wahrscheinlich in weitere Triaden unterteilt ist.

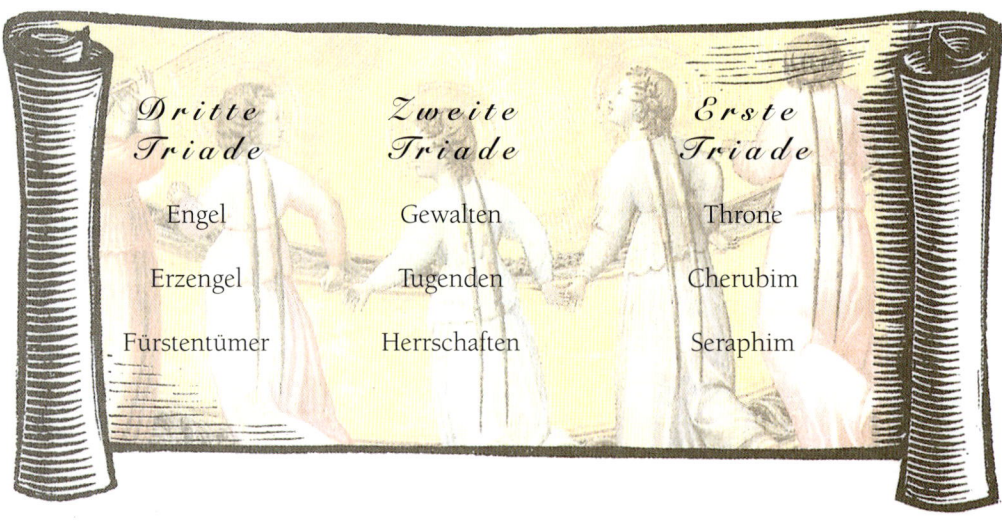

Dritte Triade	Zweite Triade	Erste Triade
Engel	Gewalten	Throne
Erzengel	Tugenden	Cherubim
Fürstentümer	Herrschaften	Seraphim

*D*IE DRITTE TRIADE

Da wir uns in den letzten Kapiteln bereits mit Engeln und Erzengeln beschäftigt haben, können wir direkt zur nächsthöheren Ordnung der Fürstentümer weitergehen.

Die Fürstentümer

Die Fürstentümer sind Engel, die über größere Gruppen von Menschen und deren Herrscher wachen. So hat also jedes Dorf, jede Stadt und jede Nation ihr eigenes Fürstentum, aber auch jede politische oder religiöse Bewegung. So wie Michael das Fürstentum von Israel war (bzw. ist), so ist Dobiel der Engel Persiens und Mastema der Engel Ägyptens. Die gelegentliche Feindseligkeit dieser beiden Regionen gegenüber Israel erklärt Pseudo-Dionysius damit, dass zwischen ihnen und ihren Fürstentümern keine wirkliche Verständigung herrscht. Der Grund hierfür sei, dass sie den einen höchsten Gott nie anerkannt hät-

ten und ihnen seine Absichten so verborgen blieben. Manchmal wird deutlich, dass eine Nation in die Gewalt eines gefallenen Engels geraten ist, der sie ins Verderben führen will. Manchmal läuft sogar ein Fürstentum zu Satan über, wie es beispielsweise Mastema nachgesagt wird.

Die Fürstentümer wachen auch über die Engelsordnungen unter ihnen und sind dafür verantwortlich, die göttliche Inspiration an diese weiterzureichen. Ihre Entsprechung in der islamischen Lehre sind die Djinn, die normalerweise auch an bestimmte Lokalitäten gebunden sind. Im heutigen Jordanien, besonders in der Umgebung des Felsentempels von Petra, kann man bis heute Schreine finden, die bestimmten lokalen Engeln geweiht sind und die von vorbeikommenden Reisenden weiter erhalten werden.

Zu den Prinzen der Fürstentümer zählen Haniel (Oberster), Requel, Cerviel und Nisroch, der vor seinem Fall der Oberste der Prinzen war. Nisroch war ursprünglich eine assyrische Gottheit, die von König Sanherib angebetet wurde und oft mit menschlichem Körper, aber mit Flügeln und dem Kopf eines Adlers dargestellt wird.

DIE ZWEITE TRIADE

Nun schreiten wir zur zweiten Triade fort, die sich aus den Gewalten, Tugenden und Herrschaften zusammensetzt.

Die Gewalten (Potestates)

Die Gewalten gelten allgemein als die erste Engelsordnung, die von Gott direkt nach den sieben Erzengeln erschaffen wurde. Sie sind der Chor, der in den ständigen Kampf zwischen Himmel und Hölle am stärksten involviert ist. Pseudo-Dionysius sagt über sie: »Sie vereiteln die Anstrengungen der Dämonen, die danach streben, die Welt zu unterwerfen.« Dieser ständige Kontakt ist vielleicht der Grund, warum die Gewalten anscheinend die Engel sind, die sich am ehesten infizieren lassen und zur anderen Seite überlaufen. Es heißt, die meisten gefallenen Engel stammten aus der Ordnung der Gewalten.

Auf beiden Seiten sind es vornehmlich die Gewalten, die den Kampf um die Vorherrschaft in der Welt ausfechten. Infolgedessen sind sie oft schwer auseinander zu halten, weshalb der Hl. Paulus davor warnte, sich mit ihnen einzulassen. Vor allem er ist für die ablehnende Haltung der Kirche gegenüber den Engeln verantwortlich. Ironischerweise waren es aber gerade Paulus' häufige beiläufige Erwähnungen der verschiedenen Engel (Epheserbrief 1,21; Kolosserbrief 1,16), die verhinderten, dass die Engel vollkommen unter den Teppich gekehrt werden konnten. Da sie von Paulus als existent beschrieben wurden, konnte die Kirche sie nicht einfach ignorieren.

Die Hauptaufgabe der Gewalten ist es, die Wege des Himmels offen zu halten, damit alle anderen Engel frei miteinander kommunizieren können, und die Infiltration des Himmels durch Dämonen zu verhindern. In *Das verlorene Paradies* beschreibt John Milton sie als himmlische Grenzsoldaten, die in ständiger Alarmbereitschaft gegen die Übergriffe des Feindes sind. Spiritualisten glauben, dass es die Gewalten sind, die verirrte Seelen nach einem plötzlichen Tod, auf den sie sich nicht vorbereiten konnten, durch das Labyrinth der Astralebene führen.

Ihr Anführer ist der Erzengel Chamuel (»Der Gott sucht«). Er ist ebenfalls der Herrscher des Chores der Herrschaften und wird auch oft als einer der sieben Engel genannt, »die vor Gott stehen«. Chamuel war einer der Gefährten Gabriels, als er Jesus vor seinem Leidensweg im Garten Gethsemane Trost spendete. Wie Michael ist auch Chamuel ein Vermittler zwischen den Israeliten und Gott und steht am Himmelsfenster, um ihre Gebete zu hören.

Chamuel scheint ein Zwillingsbruder von Camael (oder Kemuel) zu sein, dem Prinzen der Hölle, der zu verhindern versuchte, dass Moses am Berg Sinai die Thora erhält. Camael erscheint in der Offenbarung aber auch als monströser Leopard. Die Zwillinge werden sowohl in positivem als auch in negativem Sinne oft in Verbindung mit dem Kriegsgott Mars genannt.

Die Tugenden (Mächte, Malakim oder Tarshishim)

Die auch als die »Strahlenden« bekannten Tugenden waren Evas Hebammen, als sie Kain gebar. Auch gaben sie Jesus bei seiner Himmelfahrt Geleitschutz. Sie sind die hauptverantwortlichen Engel für Wundertaten auf Erden, indem sie die Naturgesetze bei Bedarf außer Kraft setzen. Außerdem inspirieren sie die Sterblichen mit Gnade und Mut, wenn diese sie am nötigsten brauchen.

Die Tugenden halten die Sterne und Planeten auf ihren vorgeschriebenen Bahnen und sind Herrscher über das Wetter. Sie sind die »Planetengötter« aus der Astrologie. Die Gnostiker erkannten an, dass auch in der Astrologie Wahrheit läge, dass der Glaube an Christus diese aber überwinde. Dass die wichtigsten Erzengel gleichzeitig auch Herrscher über die Tugenden sind, passt in das neoplatonische Schema, nach dem sie den mittleren Chor der mittleren Triade in der Hierarchie bilden. Dadurch vereinen sie sinnbildlich die Qualitäten aller anderen Engel in sich.

Die über die Tugenden herrschenden Prinzen sind Michael, Gabriel, Raphael, Uriel, Anael, Zadkiel, Cassiel und, vor seinen Fall, auch Satan.

Die Herrschaften (Dominationes oder Hashmallim)

Wie die Fürstentümer sind auch die Herrschaften für die Einhaltung der Ordnung in den Himmeln verantwortlich und streben, so Pseudo-Dionysius, nach der völligen Harmonie unter den Engeln der verschiedenen Ränge. Sie sind auch als Kyriotetes oder Weltenlenker bekannt und erscheinen den Menschen nur selten. Sie herrschen über die Schöpfung auf der physischen Ebene und wachen über Naturgesetze und Elemente.

Pseudo-Dionysius sagt von diesen Engeln: »Der sprechende Name der heiligen Herrschaften offenbart meines Erachtens einen gewissen unbezwingbaren und von jedem Sinken zum Irdischen freien Aufschwung nach oben, ein Herrschertum, welches überhaupt keiner Entartung ins Tyrannische in irgendeiner Weise zuneigt und … das jeder erniedrigenden Knechtung entrückt ist …«. Die Herrschaften stehen also für Herrschaft ohne Unterdrückung, für Regierung, die wie Befreiung empfunden wird. Sie sind ein Leitbild dafür, wie man andere führt, ohne dass diese sich dadurch minderwertig fühlen. Und an anderer Stelle fügt er hinzu: »Sie regeln die Pflichten der Engel und sind unaufhörlich um das wahrhaft Göttliche bemüht; durch sie wird die Majestät Gottes offenbar.«

Die herrschenden Prinzen der Herrschaften sind Hashmal (oder Chasmal, »Der Feuer-Sprechende«), Zadkiel, Muriel, Zachael und Yariel.

ᗪIE ERSTE TRIADE

Die Throne (Ophanim)

… Der Name der höchsten und erhabenen Throne bezeichnet, dass sie jeder erdhaften Niedrigkeit ungetrübt enthoben und dass sie überweltlich nach oben streben und von dem untersten Gliede unerschütterlich weggerückt und dass sie um das wahrhaft Höchste mit ganzer Vollkraft ohne Wanken und sicher stehend gestellt sind, dass sie die Einkehr Gottes in aller Freiheit von sinnlichen, materiellen Störungen genießen, dass sie Gottesträger und für den Empfang der göttlichen Erleuchtungen ehrfurchtsvoll erschlossen sind.

PSEUDO-DIONYSIUS: *DIE HIMMLISCHE HIERARCHIE*, KAPITEL VII, § 1

Abgesehen von gelegentlichen Verwechslungen oder Überschneidungen mit bereits erwähnten Funktionen, scheinen die Throne (Ophanim oder auch Galgallin) lebende Himmelswagen zu sein, in denen Gott von den Cherubim auf seinen Reisen durch das Universum gefahren wird. Sie sind immer in seiner Gegenwart und singen seinen Lobgesang.

Die Ophanim haben unter allen Engeln das seltsamste Aussehen und werden von Hesekiel und anderen als mit Augen gefüllte riesige Feuerräder beschrieben. Sie sind die »Räder der Merkaba«, des göttlichen Himmelswagens. Sie sind aber auch (wahrscheinlich in anderer Erscheinung) auf der Ebene des vierten (mittleren) Himmels die unparteiischen und humanen Hüter der himmlischen Gesetze. Die Ophanim sind Mittler zwischen der ersten und der zweiten Triade und ihre Hymnen übersetzen die Liebe der Seraphim und die Weisheit der Cherubim so, dass die niederen Engel sie begreifen können. Am Hof der Ophanim werden himmlische Streitfälle entschieden und der Wille der Gottheit den Dienst haltenden Engeln offenbart.

Ich sah: Ein Sturmwind kam von Norden, eine große Wolke mit flackerndem Feuer, umgeben von einem hellen Schein. Aus dem Feuer strahlte es wie glänzendes Gold. Mitten darin erschien etwas wie vier Lebewesen. Und das war ihre Gestalt: Sie sahen aus wie Menschen. Jedes der Lebewesen hatte vier Gesichter und vier Flügel. Ihre Beine waren gerade und ihre Füße wie die Füße eines Stieres; sie glänzten wie glatte und blinkende Bronze. Unter den Flügeln an ihren vier Seiten hatten sie Menschenhände. Auch Gesichter und Flügel hatten die vier.

Ihre Flügel berührten einander. Die Lebewesen änderten beim Gehen ihre Richtung nicht: Jedes ging in die Richtung, in die eines seiner Gesichter wies. Und ihre Gesichter sahen so aus: Ein Menschengesicht, das bei allen vier nach vorn blickte, ein Löwengesicht bei allen vier nach rechts, ein Stiergesicht bei allen vier nach links und ein Adlergesicht bei allen vier nach hinten. Ihre Flügel waren nach oben ausgespannt. Mit zwei Flügeln berührten sie einander und mit zwei bedeckten sie ihren Leib. Jedes Lebewesen ging in die Richtung, in die eines seiner Gesichter wies. Sie gingen, wohin der Geist sie trieb, und änderten beim Gehen ihre Richtung nicht. Zwischen den Lebewesen war etwas zu sehen wie glühende Kohlen, etwas wie Fackeln, die zwischen den Lebewesen hin- und herzuckten. Das Feuer gab einen hellen Schein und aus dem Feuer zuckten Blitze. Die Lebewesen liefen vor und zurück und es sah aus wie Blitze.

Ich schaute auf die Lebewesen: Neben jedem der vier sah ich ein Rad auf dem Boden. Die Räder sahen aus, als seien sie aus Chrysolith gemacht. Alle vier Räder hatten die gleiche Gestalt. Sie waren so gemacht, dass es aussah, als laufe ein Rad mitten im andern. Sie konnten nach allen vier Seiten laufen und änderten beim Laufen ihre Richtung nicht. Ihre Felgen waren so hoch, dass ich erschrak; sie waren voll Augen, ringsum bei allen vier Rädern. Gingen die Lebewesen, dann liefen die Räder an ihrer Seite mit. Hoben sich die Lebewesen vom Boden, dann hoben sich auch die Räder. Sie liefen, wohin der Geist sie trieb. Die Räder hoben sich zugleich mit ihnen; denn der Geist der Lebewesen war in den Rädern. Gingen die Lebewesen, dann liefen auch die Räder; blieben jene stehen, dann standen auch sie still. Hoben sich jene vom Boden, dann hoben sich die Räder zugleich mit ihnen; denn der Geist der Lebewesen war in den Rädern.

Über den Köpfen der Lebewesen war etwas wie eine gehämmerte Platte befestigt, furchtbar anzusehen, wie ein strahlender Kristall, oben über ihren Köpfen. Unter der Platte waren ihre Flügel ausgespannt, einer zum andern hin. Mit zwei Flügeln bedeckte jedes Lebewesen seinen Leib. Ich hörte das Rauschen ihrer Flügel; es war wie das Rauschen gewaltiger Wassermassen, wie die Stimme des Allmächtigen. Wenn sie gingen, glich das tosende Rauschen dem Lärm eines Heerlagers. Wenn sie standen, ließen sie ihre Flügel herabhängen. Ein Rauschen war auch oberhalb der Platte, die über ihren Köpfen war. Wenn sie standen, ließen sie ihre Flügel herabhängen.

Oberhalb der Platte über ihren Köpfen war etwas, das wie Saphir aussah und einem Thron glich. Auf dem, was einem Thron glich, saß eine Gestalt, die wie ein Mensch aussah. Oberhalb von dem, was wie seine Hüften aussah, sah ich etwas wie glänzendes Gold in einem Feuerkranz. Unterhalb von dem, was wie seine Hüften aussah, sah ich etwas wie Feuer und ringsum einen hellen Schein. Wie der Anblick des Regenbogens, der sich an einem Regentag in den Wolken zeigt, so war der helle Schein ringsum. So etwa sah die Herrlichkeit des Herrn aus.

HESEKIEL 1,4–28

Seit den 1970ern können wir aufgrund solcher Menschen wie Erich von Däniken und seiner Nachfolger das erste Kapitel Hesekiel kaum noch lesen, ohne an fliegende Untertassen zu denken. Dementsprechend stellen sich viele Menschen unter den Wächtern in der *Genesis* oder im *Buch Henoch* wohl eine Gruppe von 200 Außerirdischen vor, die etwa 35 000 v. Chr. in den Bergen des Libanon siedelten. Diese Vorstellung ist für viele heute einfach einleuchtender als die himmlische Hierarchie. Die Aktivitäten der Wächter klingen tatsächlich wie genetische und soziologische Experimente, die sie an ihren primitiven humanoiden Nachbarn ausgeführt haben, bis ihre Herrscher entschieden, sie seien zu weit gegangen, und dem ein Ende setzten.

Manche empfinden dies als Herabwürdigung der biblischen Legenden, doch zumindest eröffnet es uns eine neue Sicht auf Ideen und Visionen, die ansonsten vielleicht in den seltener zitierten Büchern der Bibel in Vergessenheit geraten und nur noch von begeisterten Bibellesern entdeckt worden wären. So aber sind Passagen wie die des Hesekiel von einer neuen Generation von Lesern verschlungen worden, was die Kraft der Mythen beweist, sich neuen Umständen anzupassen und ihre rätselhafte Botschaft auf eine neue Weise zu vermitteln, die uns dazu zwingt, innezuhalten und sie neu zu überdenken.

Heute nehmen Paralleluniversen den Platz der sieben Himmel ein, und von Außerirdischen entführt worden zu sein, klingt glaubhafter als eine Entführung in den Himmel (oder in die Hölle). Ein Charakteristikum der Entführung durch Außerirdische ist, dass sie weder zu beweisen noch zu widerlegen ist. Viele Menschen nehmen aber andererseits die Existenz von Engeln und mystischen Erfahrungen ohne jeglichen wissenschaftlichen Beweis als gegeben hin. Vielleicht ist es ja den Engeln sogar egal, ob man sie als Engel oder als Außerirdische wahrnimmt, solange nur ihre Botschaft ankommt. Es ist aber auch möglich, dass sowohl Engel als auch Außerirdische existieren und dass sich beide Seiten aus unterschiedlichen Gründen für unsere Welt interessieren. Oder aber sie existieren beide nicht, was uns mit der Frage zurückließe, warum sich die Vorstellungskraft einiger Menschen gemüßigt sieht, sie zu erfinden.

Die herrschenden Prinzen der Ophanim sind Galgaliel, Raphael, Zadkiel, Raziel, Oriphiel und Jophiel.

Die Cherubim

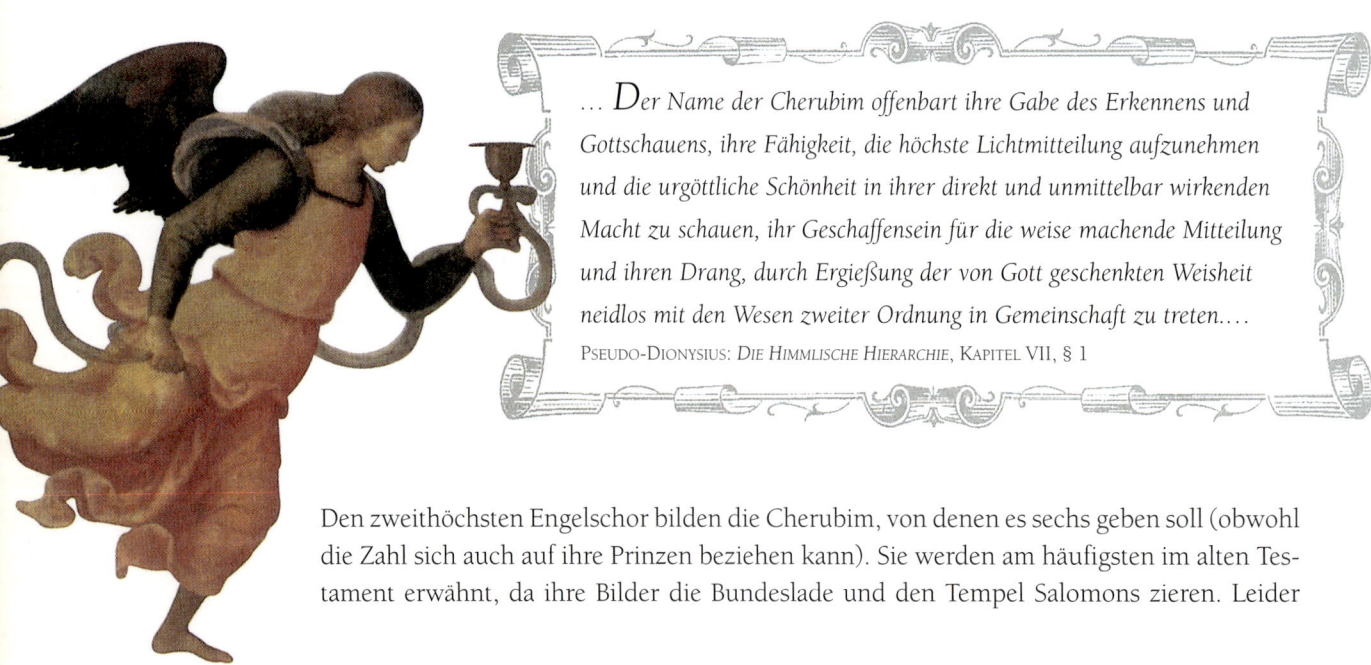

> … *Der Name der Cherubim offenbart ihre Gabe des Erkennens und Gottschauens, ihre Fähigkeit, die höchste Lichtmitteilung aufzunehmen und die urgöttliche Schönheit in ihrer direkt und unmittelbar wirkenden Macht zu schauen, ihr Geschaffensein für die weise machende Mitteilung und ihren Drang, durch Ergießung der von Gott geschenkten Weisheit neidlos mit den Wesen zweiter Ordnung in Gemeinschaft zu treten.…*
> PSEUDO-DIONYSIUS: *DIE HIMMLISCHE HIERARCHIE*, KAPITEL VII, § 1

Den zweithöchsten Engelschor bilden die Cherubim, von denen es sechs geben soll (obwohl die Zahl sich auch auf ihre Prinzen beziehen kann). Sie werden am häufigsten im alten Testament erwähnt, da ihre Bilder die Bundeslade und den Tempel Salomons zieren. Leider

erhalten wir keine genaue Beschreibung ihrer Erscheinung, was vielleicht daran liegt, dass man annahm, die Menschen seien damit vertraut.

Die Bundeslade enthielt die Steintafeln, auf denen Moses auf dem Berg Sinai die Zehn Gebote in Empfang genommen hatte, ein Stück des Manna, das die Juden in der Wüste genährt hatte, und Arons Stab. Auf der Flucht des Volkes Israel aus Ägypten diente sie bei der Durchquerung der Wüste als eine Art mobiler Altar. Wo auch immer das Lager aufgeschlagen wurde, errichtete man um sie herum einen provisorischen Tempel. Auf jeder Seite des Deckels oder »Gnadenstuhls« war je ein Cherubim aus purem Gold, zwischen deren sich zugeneigten Flügeln »der Geist Gottes« wohnen soll. Zu Moses und einigen anderen Ausgewählten soll sie direkt gesprochen haben und man sagt, sie habe gelegentlich Anmaßende verbrannt und in die Ewigkeit verbannt. Die beiden Engel, die die Besucher am Grab Jesu nach seiner Auferstehung begrüßten, scheinen eine Anlehnung an die Cherubim der Lade.

Als die Juden sich niederließen und Salomon den großen Tempel in Jerusalem erbauen ließ, wurde das Motiv der Cherubim im großen Maßstab auf Olivenholz geschnitzt. Dies wird an verschiedenen Stellen des Alten Testaments sehr detailliert beschrieben (z.B. Exodus 25,18–22; 36,8; 4 Mose 7,89; 1 Könige 6,23; 7,29; 7,36). Eine apokryphe Legende erzählt sogar, dass die beiden Cherubim-Statuen an Salomons Tempel einander ansahen, wenn Gott mit seinem Volk zufrieden war, und zur Wand schauten, wenn Er unzufrieden war.

Cherubim spielen in den Geschichten des Alten Testaments aber auch eine sehr aktive Rolle. Wie wir gesehen haben, sollen sie es gewesen sein, die Adam und Eva aus dem Garten Eden vertrieben und den Eingang bewachten, damit sie nicht zurückkehren konnten. Sie waren aber auch die Personifizierung der Winde, die Lenker von Gottes Himmelswagen auf seinen Reisen durch das Universum, seine Boten und die Wächter der Regierung des Himmelsreichs. Als mittlerer Rang der höchsten Triade sind sie die repräsentativste der drei obersten Ordnungen, was es rechtfertigt, sie als die »höchsten Engel« zu beschreiben, wie es teils geschieht.

Einige sagen, Cherubim bedeute »Ergießer des Wissens«, obwohl es mit dem assyrischen Wort »karibu« verwandt ist, was so viel wie »Fürsprecher« oder »Betender« bedeutet. In Babylon wurden sie als geflügelte Sphinxen dargestellt, die als riesige Statuen die Tore der Tempel bewachten. Der Name soll auch »nahe sein« bedeuten, da die Cherubim auch zum inneren Kreis des Hofstaates und zu den Wächtern der Gottheit zählten.

Viele andere babylonische Götter wurden entweder zu Engeln oder zu Dämonen und viele babylonische Mythen (wie etwa der des Baums des Lebens und der der Sintflut) wurden fast unverändert in die hebräische Mythologie übernommen.

Zudem waren die Cherubim im Alten Testament auch Gottes Chronisten und die Hüter der Sonne, des Mondes und der Sterne, deren vorgeschriebenen Weg über das Himmelszelt sie in ihrer parallelen Rolle als Tugenden sicherzustellen hatten. Oftmals wurde vermutet, dass die vierköpfigen Wesen aus der oben zitierten Vision Hesekiels Cherubim seien. Liest man Hesekiel, Kapitel 10, gibt es genügend Gründe, die dafür sprechen. Es gibt aber auch genauso viele Anhaltspunkte, die vermuten lassen, sie seien Seraphim, und genau dies wollen wir hier annehmen.

> *Die Cherubim sollen die Flügel nach oben ausbreiten, mit ihren Flügeln die Deckplatte beschirmen und sie sollen ihre Gesichter einander zuwenden.*
>
> EXODUS 25,20

Es macht aber keinen großen Unterschied, denn die Prinzen der Cherubim sind praktisch identisch mit denen der Seraphim, und beide Engelschöre werden an verschiedenen Stellen als »die hochste Engelsordnung« bezeichnet. Pseudo-Dionysius unterscheidet sie, indem er sagt, die Cherubim interpretierten die Liebe Gottes und die Seraphim seine Weisheit.

Die Prinzen der Cherubim sind Gabriel, Raphael, Uriel, Zophiel, Cherubiel und Satan (vor seinem Fall). Satan war ursprünglich sogar ihr Anführer.

Die Seraphim

… Denn der Name der Seraphim lehrt und offenbart ihre immer während und unaufhörliche Beweglichkeit um das Göttliche, ihre Glut, ihre Schärfe, das Übereifrige ihrer beständigen, unablässigen, nie wankenden Immerbewegung, ihre Eigenschaft, die tiefer stehenden Ordnungen, sofern sie dieselben zu einer ähnlichen Glut entfachen und entzünden, emporführend wirksam sich anzugleichen, ihre Kraft, in brennenden und alles verzehrenden Flammen zu reinigen, ihren Charakter, der kein Verhüllen und kein Erlöschen zulässt, der immer sich gleichmäßig verhält, lichtartig und Licht spendend, Verscheucher und Vernichter jeder lichtlosen Verdunkelung ist …

PSEUDO-DIONYSIUS: *DIE HIMMLISCHE HIERARCHIE*, KAPITEL VII, § 1

Die Seraphim gelten allgemein als die vier (bzw. sieben) Engel, die am nächsten zu Gottes Thron stehen. Sie werden oft als »Feuerschlangen« oder »Entflammer« beschrieben, da sie aus himmlischem Licht bestehen. Neben Gott selbst sind sie die am wenigsten materiellen Wesen und ihre Aufgabe ist es, die Flamme der Spiritualität in allen Wesen, die weiter von der Quelle entfernt sind, zu entzünden und zu nähren. In der gnostischen Tradition werden sie als die erste Ausstrahlung der göttlichen Einheit und als die ursprünglichsten aktiven Elemente der Schöpfung beschrieben. Als solche verfügen sie über Intelligenz oder zumindest über das Potenzial, eine gewisse Unabhängigkeit voneinander und von ihrem Ursprung zu erlangen, jegliche Umsetzung dieser Unabhängigkeit führt aber zu Krieg und Chaos.

In der mystischen Theorie repräsentiert das reinste weiße Licht im Zentrum der Schöpfung die ursprüngliche Einheit, die schon existierte, bevor das Universum durch die Teilung in Elemente und Unterelemente entstand. Das Ziel des sich entfaltenden Universums ist es, durch die Lösung aller Konflikte die Gesamtheit der Schöpfung zu dieser Ureinheit zurückzuführen. Aus gnostischer Sicht steckt in uns allen ein Funke des göttlichen Lichts, das danach strebt, mit seiner Quelle wieder vereinigt zu werden. Und so sehnen sich auch alle Engel danach. Je weiter aber die Wesen von der Quelle des Lichts entfernt sind, desto unbewusster sind sie sich ihrer Einheit mit der Quelle und mit ihren Mitwesen. Daher rühren auch alle Konflikte.

Die Seraphim repräsentieren die erste Differenzierung des göttlichen Lichts in seine vier Hauptbestandteile. In diesem Sinne sind sie praktisch vier Aspekte davon, die, wenn sie in absoluter Harmonie miteinander agieren, kaum von der einen Gottheit unterscheidbar sind. Als Individuen aber haben sie je einen eigenen Charakter. Daher ist es einleuchtend, dass hinter den vier vierköpfigen Bestien aus Hesekiels Vision die Seraphim vermutet werden. Näher als wir ihnen in der Vorstellung der ersten Unterteilung des Göttlichen in seine vier Grundelemente kommen, werden wir nicht an sie heranreichen, da sie die Einheit aller Gegensätze darstellen und selbst weder über Form noch Eigenschaften verfügen.

In Hesekiels Vision haben die vier Wesen je vier Gesichter. An anderer Stelle tragen sie unterschiedliche Köpfe und zwar den eines Menschen, eines Löwen, eines Adlers und eines Stiers. Diese wurden dann den vier Evangelisten zugeschrieben, die die Lehren Christi in ihren Büchern bewahrten. Markus erhielt den Löwen, der Regentschaft auf Erden symbolisiert und Christus als den Löwen von Juda und rechtmäßigen König der Juden repräsentiert. Der Stier ist das Symbol für Lukas und repräsentiert die christliche Haltung der Demut und Unterwürfigkeit. Matthäus wird mit menschlichem Gesicht dargestellt, während Johannes das Symbol des Adlerkopfes erhielt, da aus ihm der von oben kommende Geist am stärksten sprach und er später das Buch der Offenbarung verfasste.

Die Seraphim umkreisen den göttlichen Thron und singen auf ewig das Trisagion, eine Hymne, die mit »Heilig, heilig, heilig« beginnt. Tatsächlich werden sie in der Bibel nur ein einziges Mal erwähnt, und zwar bei Jesaja, in Kapitel 6:

»Im Todesjahr des Königs Usija sah ich den Herrn. Er saß auf einem hohen und erhabenen Thron. Der Saum seines Gewandes füllte den Tempel aus. Seraphim standen über ihm. Jeder hatte sechs Flügel: Mit zwei Flügeln bedeckten sie ihr Gesicht, mit zwei bedeckten sie ihre Füße und mit zwei flogen sie. Sie riefen einander zu: Heilig, heilig, heilig ist der Herr der Heere. Von seiner Herrlichkeit ist die ganze Erde erfüllt.«

Die Seraphim sollen über eine solche Leuchtkraft verfügen, dass es selbst den Engeln des zweiten Himmels schwer fällt, sie direkt anzusehen. Wenn es aber notwendig ist, können sie andere Sphären und sogar unsere Welt betreten (oder zumindest einen Teil ihres Wesens dorthin projizieren), indem sie ihre Gestalt entsprechend verhüllen.

Die wichtigste Funktion der Seraphim ist die Weiterleitung der göttlichen Liebe. Sie sind Vermittler zwischen dem nicht schaubaren göttlichen Einen und dem Universum, das durch seine fortwährende Aufteilung in immer kleinere Einheiten entstand. Ihr Name deutet aber auch an, dass sie durch die Weiterleitung der göttlichen Liebe Heiler sind; »ser« steht für »höheres Wesen« und »rapha« bedeutet »Heiler«. So werden die Seraphim auch mit den zwei Schlangen des Cadeceus, des Heroldsstabs des Hermes bzw. Merkur und mit dem Äskulapstab in Verbindung gebracht, dem mit Schlangen verzierten Symbol der Mediziner. Der Erzengel und Seraph Raphael wird besonders mit Merkur assoziiert, sein Name bedeutet aber schlicht »Heiler Gottes«.

Das *Buch Henoch* spricht nur von vier Seraphim, die den Thron Gottes umgeben, andere Überlieferungen gehen aber davon aus, dass dies nur die Prinzen ganzer Heerscharen von Seraphim sind. Im Laufe der Zeit sind ihnen auf jeden Fall mehr als vier Namen verliehen worden, darunter Michael, Gabriel, Raphael, Uriel, Seraphiel (wahrscheinlich ein erfundener Name), Metatron, Nathanael, Jehoel und Satan (vor seinem Fall). Vermutlich beziehen sich einige dieser Namen auf dieselben Wesen, während Metatron und Michael auch in anderen Quellen als höchste Seraphim bezeichnet werden.

KAPITEL SECHS

GEFALLENE ENGEL

*Energie ist das einzige Leben ... und
Vernunft ist das zügelnde Band der Energie.*

WILLIAM BLAKE, *THE MARRIAGE OF HEAVEN AND HELL*

In den mit der Bibel verbundenen Legenden gibt es mindestens drei Klassen von gefallenen Engeln. Die älteste ist die Klasse der Engel, die sich direkt nach der Schöpfung entschlossen, eigene Wege zu gehen. Sie hatten offensichtlich einen freien Willen bekommen und wollten davon Gebrauch machen, statt ihren Willen wieder Gott zu unterwerfen, wie es erwartet wurde. Sie entwickelten sich nach und nach so weit von ihren Engelsursprüngen weg, dass sie zu Dämonen wurden, die die Menschheit schon lange vor Satans Fall plagten. Also haben Dämonen grundsätzlich die gleiche Natur wie Engel, sind aber schlicht einem anderen Kurs gefolgt. Einige wurden zu heidnischen Göttern, die nicht notwendigerweise gut oder böse, sondern einfach unabhängig von den Engeln waren, die sich für den Himmel entschieden hatten.

Die zweite Klasse ist die der Wächter oder Grigori, die kurz in der *Genesis 6* und ausführlich im *Buch Henoch* beschrieben wird. Sie waren Engel, die zur Erde gesandt wurden, um die Entwicklung der jungen Menschheit zu überwachen, die aber der Versuchung nicht widerstehen konnten, diese Entwicklung voranzutreiben und den Menschen Geheimnisse zu verraten, für die sie offensichtlich noch nicht bereit waren. Darüber hinaus verliebten sie sich in Frauen und zeugten mit ihnen eine Rasse von Riesen, die bald die Erde zu zerstören drohten. In vielerlei Hinsicht erinnern die Wächter an die Titanen der griechischen Mythologie, die von Zeus und den übrigen Göttern des Olymp gestürzt wurden. Henoch zufolge wurden die meisten Wächter nach der Sintflut in die nördlichen Regionen des dritten Himmels verbannt. Die Wächter kommen in der Standardhierarchie der Engel nicht vor, entstammten aber vermutlich einem Chor von Fürstentümern.

> *Er wurde ... auf die Erde gestürzt und mit ihm wurden seine Engel hinabgeworfen.*
> OFFENBARUNG 12,9

Dann folgen die Engel, die später mit Satan rebellierten, ein Drittel aller himmlischen Scharen, glaubt man der Offenbarung (12,4). Sie wurden zu Prinzen der Hölle unter der Herrschaft Satans (oder Luzifers), des mächtigsten von allen und Hauptwidersachers von Michael, der anstelle Satans zum Liebling Gottes wurde. Bibelforscher nehmen an, dass die Rebellion irgendwann zwischen den letzten Büchern des Alten und den ersten Büchern des Neuen Testaments stattgefunden haben muss (also in den zwei oder drei Jahrhunderten vor der Geburt Christi), da sich im Alten Testament praktisch keine Erwähnung der Verbannung Satans aus dem Himmel findet. In der Regel besteht seine Aufgabe schlicht darin, die Loyalität von Gottes Volk mittels Versuchung oder Prüfung zu testen (Hiob 1,6–12).

Neben diesen drei Hauptvergehen gab es noch zahllose andere Verfehlungen, aufgrund derer sich die Reihen der Dämonen füllten. So sollen zum Beispiel die Seelen der riesigen Nachkommenschaft der Wächter zu Dämonen geworden sein, nachdem sie sich gegenseitig getötet hatten. Im Gegensatz zu Engeln können sich Dämonen miteinander vermehren und versuchen unablässig, die hellen Engel auf ihre Seite zu ziehen. Dies ist möglich, weil die Engel zwar ihren freien Willen dem Dienst des Allmächtigen unterstellen, ihn aber auch zurückfordern und sich lossagen können. Am anfälligsten sind die Engel, die die Grenzen zur Hölle bewachen, weil sie in direkten Kontakt mit dem Feind treten. Wie in jedem Krieg gleichen sich die Kämpfenden einander an und so kann es sogar geschehen, dass die Engel hin und wieder auch einen Teufel auf ihre Seite ziehen.

DIE WÄCHTER

Als sich die Menschen über die Erde hin zu vermehren begannen und ihnen Töchter geboren wurden, sahen die Gottessöhne, wie schön die Menschentöchter waren, und sie nahmen sich von ihnen Frauen, wie es ihnen gefiel. In jenen Tagen gab es auf der Erde die Riesen, und auch später noch, nachdem sich die Gottessöhne mit den Menschentöchtern eingelassen und diese ihnen Kinder geboren hatten. Das sind die Helden der Vorzeit, die berühmten Männer.

GENESIS 6,1–4

Die *Genesis* streift die Geschichte der Wächter nur flüchtig, aber das *Buch Henoch* (ab Kapitel 7) widmet sich ihr detailliert. Hier erfahren wir, dass es zweihundert dieser Engel unter der Führung von Samjaza (alias Mastema), dem Schutzengel Ägyptens, gab:

»Es geschah, nachdem die Menschenkinder sich gemehrt hatten in diesen Tagen, dass ihnen herrliche und schöne Töchter geboren wurden. Und als die Engel, die Söhne des Himmels sie erblickten, entbrannten sie in Liebe zu ihnen und sprachen zueinander: Kommt, lasst uns für uns Weiber auswählen aus der Nachkommenschaft der Menschen und lasst uns Kinder zeugen …

Dann nahmen sie Weiber, ein jeder wählte sich eines; ihnen begannen sie sich zu nahen und ihnen wohnten sie bei, lehrten sie Zauberei, Beschwörungen und das Teilen von Wurzeln und Bäumen. Und die Weiber empfingen und gebaren Riesen, deren Länge dreihundert Ellen betrug. Diese verschlangen allen Erwerb der Menschen, bis es unmöglich wurde, sie zu ernähren …

Überdies lehrte Azaziel die Menschen Schwerter machen und Messer, Schilde, Brustharnische, die Verfertigung von Spiegeln und die Bereitung von Armbändern und Schmuck, den Gebrauch der Schminke, die Verschönerung der Augenbrauen, (den Gebrauch der) Steine

von jeglicher köstlichen und auserlesenen Gattung und von allen Arten der Farbe, sodass die Welt verändert wurde …

Amazarak lehrte alle die Zauberer und Wurzelteiler; Armers lehrte die Lösung der Zauberei; Barkajal die Beobachter der Sterne; Akibeel die Zeichen, Tamiel lehrte Astronomie, und Asaradel lehrte die Bewegung des Mondes. Aber die Menschen, da sie untergingen, klagten und ihre Stimme gelangte bis zum Himmel.«

Henoch erzählt weiter, wie Michael, Raphael und Uriel die Schreie des menschlichen Elends auf der Erde hörten und deren Klage Gott vortrugen, der daraufhin seine Schöpfung zerstören und von vorne beginnen wollte. Der Engel Arsajaljur (gemeint ist möglicherweise Uriel) wurde ausgesandt, um Noah vor der Sintflut zu warnen und ihn im Überleben zu unterrichten. Gabriel sollte den Krieg zwischen den Riesen entfachen, damit sie sich gegenseitig vernichteten, und die übrigen Engel trieben die Wächter zusammen und sperrten sie in der dritten Hölle ein. Henoch selbst sollte die Wächter von Gottes Urteil unterrichten und

Da jammerten, halb schlafend noch, die Meinen,
Die bei mir waren, und verlangten Brot.
DANTE, *DIE GÖTTLICHE KOMÖDIE*, HÖLLE, GESANG 33

davon, wie sie gezwungen würden, die Vernichtung ihrer Kinder und all ihrer irdischen Schöpfung mit anzusehen. Die Wächter baten Henoch, Gott um Gnade zu bitten, und kurz darauf wurde er von einem visionären Wind in den Himmel gehoben:

»Ich schritt vorwärts, bis ich an eine Mauer kam, gebaut aus Steinen von Kristall. Eine zitternde Flamme umgab sie, welche mich in Schrecken zu setzen begann. In diese zitternde Flamme trat ich ein. Und ich näherte mich einer geräumigen Wohnung, welche auch gebaut war mit Steinen von Kristall. Sowohl ihre Wände als ihr Fußboden waren aus Steinen von Kristall, und von Kristall war auch der Grund. Ihr Dach hatte das Ansehen von Sternen, die sich heftig bewegten, und von leuchtenden Blitzen, und unter ihnen waren Cherubs von Feuer und ihr Himmel war Wasser. Eine Flamme brannte rings um ihre Mauern, und ihr Portal loderte von Feuer.

Als ich in diese Wohnung trat, war sie heiß wie Feuer und kalt wie Eis … Und siehe! Da war eine andere, geräumigere Wohnung, zu welcher jeder Eingang vor mir offen war, errichtet in einer zitternden Flamme … Ihr Fußboden war aus Feuer, oben waren Blitze und sich bewegende Sterne, während ihr Dach ein loderndes Feuer zeigte. Aufmerksam betrachtete ich sie und sah, dass sie einen erhabenen Thron enthielt, der von Ansehen Reif ähnlich war, während sein Umfang dem Kreise der glänzenden Sonne glich; und (da war) die Stimme der Cherubs. Von unter diesem mächtigen Throne her strömten Bäche lodernden Feuers. Ihn anzusehen war unmöglich. Einer in großer Herrlichkeit saß darauf, dessen Kleid war glänzender als die Sonne und weißer als Schnee.«

Gott verweigerte den Wächtern die Gnade. Anschließend wurde Henoch von den Erzengeln auf eine Reise durch die sieben Himmel mitgenommen und lernte viele Dinge, die er in seinem Buch beschrieb, das lange als das erste von einem Menschen verfasste Buch überhaupt galt. Der Hauptgrund, warum die christliche Kirche es ablehnte (nachdem man das meiste daraus übernommen hatte), lag darin, dass viele der Offenbarungen beunruhigend waren, vor allem die Erkenntnis, dass jede Stufe des Himmels im Norden von der Hölle berührt wird, in der gefallene Engel, Dämonen und die Verdammten gefangen sind. Dieses Modell wurde durch eine siebenstufige unterirdische Hölle ersetzt, wie Dante und andere sie beschreiben.

Die Wächter tauchen auch im apokryphen *Buch der Jubiläen* auf:

»In Jareds Tagen stiegen die Engel des Herrn, die Wächter genannt werden, herab auf die Erde, um die Menschenkinder zu unterrichten, auf Erden Recht und Gerechtigkeit zu üben. Und im elften Jubiläum nahm Jared sich ein Weib und ihr Name war Baraka … und im vierten Jahr des Jubiläums gebar sie ihm in der fünften Woche einen Sohn, den er Henoch nannte. Und er war der erste unter den Menschen, die auf der Erde geboren sind, der Schrift, Wissen und Weisheit erlernte.

Er schrieb die Zeichen des Himmels entsprechend der Ordnung der Monate in einem Buch nieder, auf dass die Menschen die Jahreszeiten entsprechend der Ordnung ihrer einzelnen Monate im Jahr unterscheiden lernten. Und er war der erste, der sein Zeugnis niederschrieb. Und er legte Zeugnis ab gegenüber den Söhnen der Menschen unter den Generationen auf Erden und zählte die Wochen der Jubiläen auf. Und er machte die Tage des Jahres bekannt und setzte die Monate in Ordnung und zählte die Sabbate des Jahres auf, wie wir sie ihm bekannt machten. Und was war und was sein wird, sah er in einer Vision in seinem Schlaf, wie es den Menschenkindern ergehen wird durch die Generationen bis zum Tage des Gerichts; er sah und verstand alles und schrieb sein Zeugnis nieder und hinterließ sein Zeugnis auf Erden für alle.«

ſATAN UND SEINE ENGEL

Der Name Satan bedeutet schlicht »Widersacher« und ist im Alten Testament mehr eine Art Arbeitsplatzbeschreibung als ein Eigenname. Gottes Lieblingsengel hatte die Aufgabe, seine Schöpfung zu versuchen, um ihre Loyalität zu prüfen, und war der Anführer weiterer Engel, die kollektiv »Satane« genannt wurden. Es gibt unterschiedliche Berichte darüber, wie er zu Jesu Zeiten zum unerbittlichen Feind Gottes wurde und seinen Namen personalisierte, aber alle sind sich einig, dass es im Grunde um Stolz ging.

Das apokryphe *Das Leben Adams und Evas* (Kapitel 11–16) erzählt die Geschichte:

𝒰nd [Adam] rief: »Wehe
dir, Teufel. Warum greifst
du uns ohne Grund an?
Was hast du mit uns zu
schaffen? Was haben wir
dir angetan, dass du uns
mit solcher Beharrlichkeit
verfolgst? Warum bestürmst
du uns mit solcher Bosheit?
Haben wir dir deine Herr-
lichkeit genommen und verursacht, dass du deine Ehre verlierst?
Warum quälst du uns und verfolgst uns in Hinterlist und Neid
bis in den Tod?«

Und mit einem tiefen Seufzer sprach der Teufel: »Oh Adam! All
meine Feindseligkeit, mein Neid und mein Leid sind deinetwegen,
und ich wurde der Herrlichkeit beraubt, die ich besessen habe in
den Himmeln unter den Engeln und deinetwegen wurde ich auf
die Erde verstoßen.«

Adam antwortete: »Was erzählst du mir da? Welches Unglück
habe ich dir zugefügt, wie soll ich dich gefehlt haben? Wir haben
dir kein Leid und keine Wunden zugefügt, warum also verfolgst
du uns?«

Der Teufel antwortete: »Aber Adam, was sagst du mir da? Es
ist nur um deinetwillen, dass ich von jenem Ort verbannt wurde.
Als du geformt wurdest, wurde ich aus der Gnade Gottes gestoßen
und aus der Gemeinschaft der Engel verbannt. Als Gott dir den
Atem des Lebens einhauchte und dein Gesicht und deine Gestalt
nach dem Bildnis Gottes gemacht wurden, brachte Michael dich
und ließ uns dich im Angesicht Gottes anbeten; und Gott der Herr
sprach: ›Hier ist Adam. Ich habe ihn nach unserem Bild erschaffen.‹

Und Michael ging
hinaus und rief alle
Engel und sagte: ›So
betet an das Bildnis von
Gott dem Herrn, so wie
der Herrgott es befohlen
hat.‹ Und Michael selbst
huldigte als erster; dann
rief er mich und sprach:
›So bete an das Bildnis
Gottes unseres Herrn.‹ Und ich antwortete: ›Ich brauche Adam
nicht anzubeten.‹ Da Michael mich aber weiter zur Anbetung
drängte, sagte ich zu ihm: ›Warum bedrängst du mich? Ich werde
kein niederes und jüngeres Wesen anbeten. Ich kam vor ihm in der
Schöpfung, bevor er geschaffen wurde, war ich bereits. Es ist seine
Pflicht, mich anzubeten.‹

Als die Engel unter mir dies hörten, weigerten auch sie sich, ihn
anzubeten. Und Michael sagte: ›Bete das Bildnis Gottes an, wenn
du ihn aber nicht anbeten willst, wird der Herrgott zornig mit dir
sein.‹

Und ich sagte: ›Wenn Er zornig mit mir ist, werde ich meinen Sitz
über den Sternen des Himmels errichten und sein wie der Höchste.‹

Und der Herrgott war zornig mit mir und verbannte mich und
meine Engel aus unserer Herrlichkeit; und deinetwegen wurden
wir ausgestoßen aus unseren Wohnstätten, in diese Welt getrieben
und auf die Erde geworfen. Und sofort wurden wir von Kummer
überwältigt, dass wir solch großer Herrlichkeit enthoben waren.
Und wir waren bestürzt, als wir dich so in Freude und Überfluss
sahen. Und mit List verführte ich dein Weib und bewirkte, dass
du durch ihr Tun aus Freude und Überfluss verstoßen wurdest,
so wie ich aus meiner Herrlichkeit verstoßen wurde.«

Weg von mir, ihr Verfluchten, in das ewige Feuer, das für den Teufel und seine Engel bestimmt ist!
Matthäus 25,41

Der Islam berichtet sehr Ähnliches über Iblis, das Äquivalent Satans, dessen Name sich aus dem arabischen Wort für »Verzweiflung« herleitet. Iblis wird auch als Sheitan bezeichnet, das ist der generische Name für alle Dämonen, und heißt manchmal auch »Vater der Sheitane«.

Anfangs war Iblis einer der größten Engel und der Favorit Gottes. Als aber Gott Adam schuf und seinen Engeln befahl, sich vor ihm zu verbeugen, weigerte sich Iblis und sagte: »Vor dem da werde ich mich doch nicht niederwerfen! Ich bin viel besser als er. Ich bin aus Feuer geschaffen und er aus Schlamm!« Allah verfluchte ihn und verbannte ihn aus dem Himmel, erlaubte ihm aber, bis zum Jüngsten Gericht auf Erden zu wandeln.

In der islamischen Legende war es Iblis, der Eva versuchte, nachdem er sich von der Schlange in deren Maul in den Garten Eden hatte schmuggeln lassen. Die Gegenleistung bestand in drei mystischen Worten, die ihr Unsterblichkeit versprachen.

In anderen Versionen der Geschichte kommt Satan etwas besser davon, indem man ihm zugute hält, dass er sich deshalb nicht vor Adam verbeugen wollte, weil Gott seinen Engeln zuvor befohlen hatte, sich niemandem als ihm selbst zu beugen. Also gehorchte Satan eigentlich nur seinem Schöpfer. Das große Problem mit diesen Versionen ist, dass sie die Rebellion an den Anfang der Schöpfung stellen, während sie in der Bibel erst viel später stattfindet. Möglicherweise erzählt die Geschichte hier von einem früheren Engel, der zur Zeit der Schöpfung fiel und später mit der Figur Satans identifiziert wurde oder mit ihr verschmolz. Dies ist auch vielen anderen Erzdämonen passiert. So könnte es Asmodeus gewesen sein, der häufig als Versucher Adams und Evas genannt wird und im *Buch Tobit* vorkommt. Vermutlich aber war es Beelzebub (»Herr der Fliegen«), der in neutestamentarischen Zeiten vielen Juden als der Erzdämon galt. Er wurde zum Synonym für Satan, während zu Jesu Zeiten beide als eigenständige Wesen galten. Im *Buch der Jubiläen* ist der eigentlich mächtigere Satan zeit-

weilig Beelzebub unterstellt, weil dieser die Seelen der
Heiligen aus der Unterwelt entließ.

Ein weiterer, fast untrennbar mit Satan verbundener
Name ist Luzifer, der im Alten Testament nur einmal
(und nur in der englischen *King James Bibel*) von Jesaja
namentlich erwähnt wird. Die Passage aus Kapitel 14
wird häufig als Beweis dafür zitiert, dass die Rebellion
zur Zeit Jesajas stattfand:

»Ach, du bist vom Himmel gefallen [Luzifer], du
strahlender Sohn der Morgenröte. Zu Boden bist du
geschmettert, du Bezwinger der Völker. Du aber hat-
test in deinem Herzen gedacht: Ich ersteige den
Himmel; dort oben stelle ich meinen Thron auf,
über den Sternen Gottes; auf den Berg der (Göt-
ter-)versammlung setze ich mich, im äußersten
Norden. Ich steige weit über die Wolken hinauf,
um dem Höchsten zu gleichen. Doch in die Unterwelt wirst
du hinabgeworfen, in die äußerste Tiefe. Jeder, der dich sieht,
starrt dich an, er blickt genau auf dich hin und denkt: Ist das
der Mann, der die Königreiche in Schrecken versetzte, der die Erde
erbeben ließ …«

Dies wird oft als Beschreibung des Falls Satans verstanden, ist aber wohl eher die Voraus-
sage des Falls Babylons, dessen Schutzengel Satan war. Sobald die Verbindung zwischen
Satan und Luzifer aber einmal hergestellt war, hielt sie sich hartnäckig. Wie Satan soll auch
Luzifer einer der strahlendsten Engel gewesen sein: der Lichtbringer, der Morgenstern,
Herold der Morgendämmerung. Diese Rolle wurde später von Jesus selbst übernommen, wie
er im *Buch der Offenbarung* sagt: »Ich bin die Wurzel und der Stamm Davids, der strahlende
Morgenstern.« (Offenbarung 22,16)

Dies hat unter anderem zu wilden Spekulationen geführt, Luzifer und Jesus seien identisch, oder es habe einen weiteren Planeten namens Luzifer gegeben, der von einem Meteor
zerstört wurde und nun den Asteroidengürtel bildet. Eine interessante These, aber doch
recht unwahrscheinlich. Viel wahrscheinlicher ist, dass Luzifer und Jesus so miteinander
verbunden wurden wie viele helle und dunkle Engel. Oder dass Jesus, der sich im Himmel
auf seine Inkarnation vorbereitete, Luzifer aus der Nähe zu Gott verdrängte, was zu Eifersucht und Rebellion führte. Einigkeit besteht nur darüber, dass Satan (Luzifer) aus verletz-
tem Stolz rebellierte. Das soll nicht heißen, dass es vorher nichts Böses gegeben hätte. Wie
wir gesehen haben, gab es von Anfang an reichlich Dämonen, die die Erde plagten, aber
durch den Fall Satans erlangte das Böse eine neue Dimension der Raffinesse. Als einer der
ehemals höchsten Engel verstand Satan den Geist Gottes besser als alle anderen Dämonen,
die nach und nach entweder von Satan absorbiert oder als Befehlshaber seiner vielen Legionen eingesetzt wurden.

Die Gnostiker teilten viele dieser Vorstellungen über gefallene Engel, kamen aber oftmals
zu erstaunlich unterschiedlichen Schlussfolgerungen. Viele glaubten, Jehova selbst sei ein
gefallener Engel oder ein Archon namens Ialdabaoth, der sich fälschlicherweise als das
Höchste Wesen ausgab und allen Ruhm der Schöpfung für sich selbst beanspruchte. Der auch
als Demiurg und Thronräuber bezeichnete Ialdabaoth täuschte die Juden dahingehend, dass

Durch all die Empyreen: Herunter fielen sie Kopfüber vertrieben aus den Höhen des Himmels.

JOHN MILTON, *DAS VERLORENE PARADIES*

sie ihn für den höchsten und absolut guten Gott hielten, obwohl er sich gelegentlich eifersüchtigem Zorn hingab und die meisten seiner eigenen Gebote brach.

Heute scheint es offensichtlich, warum die Gnostiker als Heretiker gebrandmarkt und bis zu ihrer Auslöschung im 5. Jahrhundert verfolgt wurde, aber eine Zeit lang war beileibe nicht sicher, ob sich das gnostische oder das paulinische Christentum durchsetzen würde. Am Ende siegte die größere Disziplin und politische Macht der römischen Kirche des Paulus. Das Problem bei den Gnostikern war, dass sie Jesu Worte zur Inspiration durch den Heiligen Geist wörtlich nahmen und kein Problem darin sahen, immer weitere Evangelien und Offenbarungen zu produzieren. Einige wurden allgemein akzeptiert, aber andere führten zur Aufspaltung in zahllose zerstrittene Sekten, die der römischen Kirche nichts entgegenzusetzen hatten, die keine weiteren Heiligen Schriften mehr dulden wollte. Jahrhundertelang waren die Gnostiker nur durch die verzerrten Argumente ihrer Gegner bekannt, aber das hat sich im letzten Jahrhundert durch Manuskriptfunde wie dem von Nag Hammadi etwas geändert.

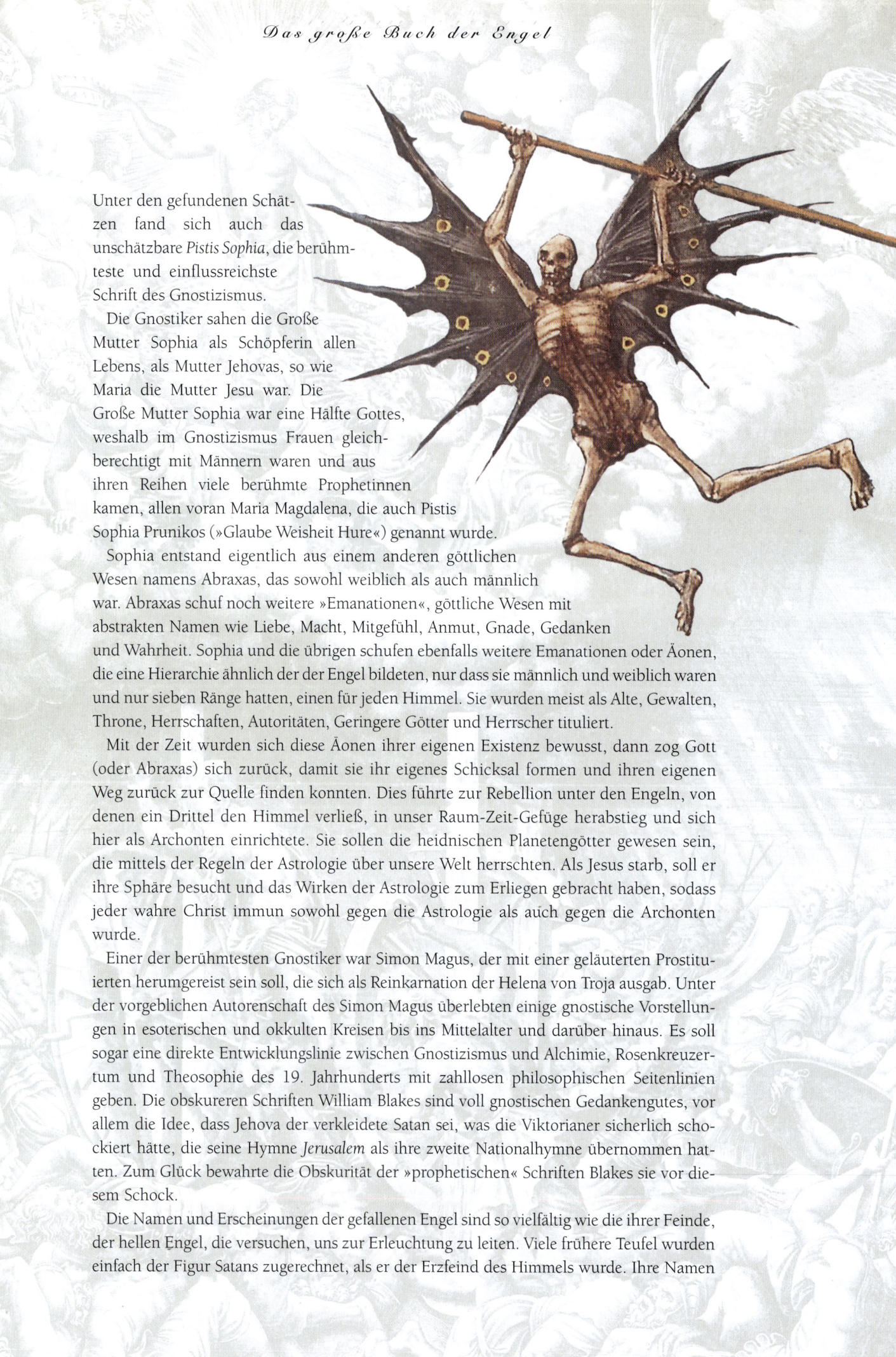

Unter den gefundenen Schätzen fand sich auch das unschätzbare *Pistis Sophia*, die berühmteste und einflussreichste Schrift des Gnostizismus.

Die Gnostiker sahen die Große Mutter Sophia als Schöpferin allen Lebens, als Mutter Jehovas, so wie Maria die Mutter Jesu war. Die Große Mutter Sophia war eine Hälfte Gottes, weshalb im Gnostizismus Frauen gleichberechtigt mit Männern waren und aus ihren Reihen viele berühmte Prophetinnen kamen, allen voran Maria Magdalena, die auch Pistis Sophia Prunikos (»Glaube Weisheit Hure«) genannt wurde.

Sophia entstand eigentlich aus einem anderen göttlichen Wesen namens Abraxas, das sowohl weiblich als auch männlich war. Abraxas schuf noch weitere »Emanationen«, göttliche Wesen mit abstrakten Namen wie Liebe, Macht, Mitgefühl, Anmut, Gnade, Gedanken und Wahrheit. Sophia und die übrigen schufen ebenfalls weitere Emanationen oder Äonen, die eine Hierarchie ähnlich der der Engel bildeten, nur dass sie männlich und weiblich waren und nur sieben Ränge hatten, einen für jeden Himmel. Sie wurden meist als Alte, Gewalten, Throne, Herrschaften, Autoritäten, Geringere Götter und Herrscher tituliert.

Mit der Zeit wurden sich diese Äonen ihrer eigenen Existenz bewusst, dann zog Gott (oder Abraxas) sich zurück, damit sie ihr eigenes Schicksal formen und ihren eigenen Weg zurück zur Quelle finden konnten. Dies führte zur Rebellion unter den Engeln, von denen ein Drittel den Himmel verließ, in unser Raum-Zeit-Gefüge herabstieg und sich hier als Archonten einrichtete. Sie sollen die heidnischen Planetengötter gewesen sein, die mittels der Regeln der Astrologie über unsere Welt herrschten. Als Jesus starb, soll er ihre Sphäre besucht und das Wirken der Astrologie zum Erliegen gebracht haben, sodass jeder wahre Christ immun sowohl gegen die Astrologie als auch gegen die Archonten wurde.

Einer der berühmtesten Gnostiker war Simon Magus, der mit einer geläuterten Prostituierten herumgereist sein soll, die sich als Reinkarnation der Helena von Troja ausgab. Unter der vorgeblichen Autorenschaft des Simon Magus überlebten einige gnostische Vorstellungen in esoterischen und okkulten Kreisen bis ins Mittelalter und darüber hinaus. Es soll sogar eine direkte Entwicklungslinie zwischen Gnostizismus und Alchimie, Rosenkreuzertum und Theosophie des 19. Jahrhunderts mit zahllosen philosophischen Seitenlinien geben. Die obskureren Schriften William Blakes sind voll gnostischen Gedankengutes, vor allem die Idee, dass Jehova der verkleidete Satan sei, was die Viktorianer sicherlich schockiert hätte, die seine Hymne *Jerusalem* als ihre zweite Nationalhymne übernommen hatten. Zum Glück bewahrte die Obskurität der »prophetischen« Schriften Blakes sie vor diesem Schock.

Die Namen und Erscheinungen der gefallenen Engel sind so vielfältig wie die ihrer Feinde, der hellen Engel, die versuchen, uns zur Erleuchtung zu leiten. Viele frühere Teufel wurden einfach der Figur Satans zugerechnet, als er der Erzfeind des Himmels wurde. Ihre Namen

wurden einfach zu schillernden Alternativen. Es lohnt sich aber, einige von diesen ehemaligen Individuen näher zu betrachten.

Beelzebub

In den Evangelien wird Beelzebub oft als der »Dämonenprinz« bezeichnet, sodass dies einfach ein anderer Name für Satan zu sein scheint, aber bis ins Mittelalter hinein galt er als durchaus eigenständiges Wesen. Das apokryphe *Evangelium des Nikodemus* erzählt von Jesus, der Beelzebub über Satan erhob, weil dieser sich der Rettung der Heiligen aus der Hölle nach der Kreuzigung nicht widersetzte.

Beelzebub war ursprünglich eine Gottheit der Philister (der Gott *baal* oder *beel* von Zebul, nahe Ekron im Westen Jerusalems). In der Bibel erscheint er nur im Zusammenhang mit dem Tod des Königs Ahasja, der die Israeliten in den Tagen Elijas regierte. Ahasja hatte sich von Jehova ab- und Baal (ein Sammelname für verschiedene philistäische Götter, denen für gewöhnlich auf Hügelkuppen gehuldigt wurde) zugewandt. Das erste Kapitel des zweiten *Buchs der Könige* erzählt, wie Ahasja von einem Dach fiel. Vom Krankenbett aus sandte er Boten, die Beelzebub (oder sein Orakel) fragen sollten, ob er wieder gesund würde. Ein Engel sandte Elija, um die Boten abzufangen und mit der Warnung zum König zurückzuschicken, dass er im Bett sterben würde, weil er nicht dem wahren Gott huldigte. Der König sandte einen Hauptmann mit fünfzig Männern aus, aber als sie Elija trafen, rief dieser Feuer vom Himmel herab und vernichtete sie. Einen zweiten Trupp traf das gleiche Schicksal. Der dritte Hauptmann bat Elija um Gnade, sodass Elija mit ihm zum König zurückkehrte und seine Botschaft selbst ausrichtete. Ahasja, der immer noch nicht bereute, starb in seinem Bett.

In dieser Geschichte scheint Beelzebub nur eine mächtige lokale Gottheit zu sein, das Gegenstück eines Fürstentums. Wie er zum Prinz der Dämonen aufstieg ist unbekannt, kann aber an seiner örtlichen Nähe zu Jerusalem liegen und daran, dass der König ihn Jehova vorzog und gleich behandelte. Wegen der Fliegen, die seinen blutgetränkten Altar umschwärmten, wurde Beelzebub auch »Herr der Fliegen« genannt.

Das *Testament des Salomon* erzählt, wie der weise König Salomon Beelzebub eine Zeit lang versklavte: Während Salomon seinen Tempel baute, bemerkte er, wie sein Lieblingsarbeiter dahinwelkte. Auf Nachfrage erzählte der Mann, er werde jede Nacht von einem Vampir-Dämon heimgesucht, der seine Lebenskraft raube, indem er Blut aus seinem Daumen sauge. Salomon betete um Führung und nach drei Tagen erschien der Erzengel Raphael und gab ihm einen Ring der Macht, auf dessen Stein ein fünfzackiger Stern mit dem ungesagten Namen Gottes in der Mitte eingraviert war. Dies war das berühmte »Siegel Salomons«. Salomon übergab dem Arbeiter den Ring mitsamt den Anweisungen des Engels und als der Dämon Ornias in der Nacht zum Blutsaugen erschien, wurde er versklavt.

Salomon sandte daraufhin seinen neuen Sklaven zu Beelzebub, um auch ihn mit dem Ring zu versklaven, damit er Marmorblöcke für den Tempel zusschneide. Der unterworfene Prinz der Dämonen lockte bald andere an, die nacheinander versklavt wurden. So schritt die Arbeit in Windeseile voran und der Bau wurde zu einem der Wunder der Antike.

Beelzebub war auch der Dämon, in dessen Namen die Feinde von Jesus ihn anklagten, Teufel auszutreiben.

Belial

Belial wird häufig mit Satan gleichgesetzt, ist aber wohl eigenständig. Im Alten Testament wird der Name oft als allgemeiner Begriff für Wertlosigkeit, Zerstörung oder »den Abgrund« (Sheol) verwendet. Aber Belial wurde auch als Prinz der Hölle und der Dämonen personifiziert, als Beelzebubs Leutnant und manchmal auch als sein Herr. Salomon soll Belial zu seinem Vergnügen tanzen lassen haben, nachdem er ihn versklavt hatte. Im *Evangelium des Bartholomäus* behauptet Belial, früher Satan genannt worden zu sein – der erste Engel, der noch vor Michael, Gabriel, Uriel, Raphael und den anderen geschaffen wurde. In mehreren anderen apokryphen Schriften wird er Prinz dieser Welt und der zukünftige Antichrist genannt. Auch der Hl. Paulus scheint Belial und Satan für ein und denselben gehalten zu haben, und der römische Kaiser Nero galt den Christen seiner Zeit als Inkarnation Belials. John Milton macht sie allerdings in *Das Verlorene Paradies* zu getrennten Figuren.

Belphegor

Ein weiterer Dämon, dessen Namen sich von Baal (Baal des Berges Phegor) herleitet, ist Belphegor, der lüsternste der Teufel und einst der moabitische Gott der Fruchtbarkeit, dessen Anhänger Orgien veranstalteten, um den Ertrag ihrer Herden und Ernten zu steigern.

Die wandernden Israeliten trafen laut *4 Mose 25* in Schittim, ihrem letzten Halt vor Kanaan, auf diesen Kult. Viele wurden verführt, an den Orgien teilzunehmen, was Jehova so erzürnte, dass er Moses befahl, sie alle (etwa 24 000) köpfen zu lassen und die Verführer mit Krieg zu überziehen. Der Kult scheint allerdings bis ins 2. Jahrhundert überlebt zu haben und wurde von den Römern toleriert.

Bevor er in Ungnade fiel, soll Belphegor ein Fürstentum gewesen sein – und besitzt nach wie vor eine Tendenz in diese Richtung – da er nach folkloristischer Überlieferung Frankreich zu seiner Heimat gemacht haben soll. Belphegor

erscheint oft als schöne junge Frau und ist eng mit dem griechischen Gott Priapus und dem Hindugott Rutrem verbunden, die beide große Verfechter der Lust sind.

Mephistopheles

Der Name Mephistophiel bedeutet wörtlich »Der durch Lügen zerstört«. Er ist einer der sieben Prinzen der Hölle und der dunkle Zwilling Zadkiels, des Engels Jupiters. Er wurde gelegentlich mit Satan verwechselt, gilt aber allgemein als ein Stellvertreter. Sardonisch, zynisch, clever und verführerisch, ist er seit dem Mittelalter ein beliebtes Sujet der Literatur, nicht zuletzt dank der berühmten Geschichte seines Paktes mit Dr. Faustus. Wie Satan im *Buch Hiob* scheint er einen besonderen Zugang zum Himmel zu haben, wo er sich gelegentlich im intellektuellen Schlagabtausch mit den Engeln misst.

Wo Belphegor auf Sinnlichkeit setzt, um Menschen in die Verdammnis zu locken, nutzt Mephistopheles subtile Argumentation, was ihn vermutlich noch gefährlicher macht. Schließlich ist die Geschichte voller wohl meinender Intellektueller, deren Werk fehlinterpretiert wurde und zu massenhafter Zerstörung und Elend führte. Tatsächlich kann man sagen, dass Menschen, die überzeugt sind, auf der Seite der Engel zu stehen, für den meisten von Menschen verursachten Kummer auf der Welt verantwortlich sind, während Mephistopheles kichernd in den Kulissen steht. Deshalb ließ Goethe zu, dass Fausts Seele am Ende von Engeln gerettet wird. Seine einzige echte Sünde war rücksichtslose Neugier.

Samael

In der rabbinischen Literatur gilt Samael als der »Herr der Satane« oder als Satan selbst. Verwirrenderweise ist er der Namensvetter des Engels Samael, der den fünften Himmel mit zwei Millionen Engeln regiert und einer der sieben »Regenten der Erde« ist. Er war Esaus Schutzengel und Fürstentum von Edom.

Beide Samaels sind Todesengel und es ist häufig nicht klar, welcher von ihnen gerade am Werk ist, und ob sie gekommen sind, um die Seelen in den Himmel oder die Hölle zu führen. Gott sandte den hellen Samael, um Moses' Seele in den Himmel zu geleiten.

Der teuflische Samael wird als Schlange mit zwölf Schwingen beschrieben, die Eva im Garten Eden versuchte und Kain mit ihr zeugte. Samael soll auch Adams erste Frau Lilith verführt und Horden kleiner Dämonen mit ihr gezeugt haben. Als Gott seine Engel sandte, um sie zu vernichten, rächte sie sich, indem sie die Nachkommen Adams in Gestalt einer Kreischeule oder als Sukkubus jagte.

Mindestens eines ihrer Kinder überlebte: Asmodeus. Asmodeus war der Dämon, den Tobit überwinden musste, um seine Braut zu gewinnen, und der Noah heimtückisch trunken machte. Er war ursprünglich eine persische Mondgottheit der Mathematik und Weissagung. Er ist der Teufel des Glücksspiels und anderer Formen der Unterhaltung, die er nutzt, um Menschen zur Sünde zu verführen. Der Engel Raphael soll ihn nach Oberägypten verbannt haben, aber er konnte später entkommen.

Wir könnten uns endlos weiter mit Dämonen beschäftigen, von denen es fast so viele gibt wie Engel, und die ebenso faszinierend sind. Wir könnten zum Beispiel über Mastema sprechen, den Schutzengel Ägyptens, der zum Dämon wurde. Als »Dämon der Widrigkeiten« scheint er eine ähnliche Rolle wie der alttestamentarische Satan zu spielen, der von Gott toleriert wird, weil Widrigkeiten oft den wahren Charakter und Wert eines Menschen zum Vorschein bringen. Gott soll ihm ein Zehntel seiner Teufel zur Verfügung gestellt haben, um

seine Arbeit zu verrichten. Dann wäre da noch Moloch, ein Dämon ohne offensichtliche erlösende Eigenschaften, der Kinderopfer auf seinen Altären verlangte. Außerdem gibt es noch Nisroch, einen relativ harmlosen adlerköpfigen Teufel, dessen Hauptbeschäftigung darin zu bestehen scheint, Chefkoch und Tellerwäscher in der Unterwelt zu sein! Obwohl die gefallenen Engel endlos faszinierend sind, sollten sie die hellen Engel nicht überschatten, also verlassen wir sie hier.

FAZIT

Das Interessante an Engeln ist: Sobald man über die Bibel hinausblickt, findet man Unmengen an Informationen über sie. Vieles ist widersprüchlich und man kann sich leicht in den Listen von Namen und Eigenschaften verlieren. Noch bemerkenswerter ist der breite Konsens bezüglich der Engelsgeschichten quer durch die Kulturen und wie er sich trotz vieler Versuche der Unterdrückung erhalten hat.

Dieses vielfältige Bild haben wir einzufangen versucht. Leser, deren Interesse wir geweckt haben, können sich die im Buch genannten Quellen selbst erschließen, was heute einfacher ist als je zuvor. Viele der hier zitierten Quellen wie das *Buch Henoch* oder Pseudo-Dionysius liegen in gut lesbaren Übersetzungen sowohl in gedruckter als auch in elektronischer Form vor.

Auch die anderen im Buch erwähnten Apokryphen wie das *Buch der Jubiläen*, das *Evangelium des Nikodemus* und verschiedene Ausgaben von *Das Leben Adams und Evas* sind eine faszinierende Lektüre. Hier kommt das wunderbare Internet ins Spiel. Es ist unser jüngstes Medium, aber bereits jetzt der beste Ort, um nach antiker Literatur zu suchen, wenn man nicht gerade eine gut sortierte Stadtbibliothek in der Nachbarschaft hat. Heutzutage kann jeder mit einem Computer selbst in Timbuktu oder Alice Springs am großen Internetspiel teilnehmen.

Das weltweite Netz ist ebenso revolutionär wie die Erfindung des Buchdrucks, denn mehr und mehr Menschen erhalten hier ungehinderten Zugang zu Originaltexten und können sich ihre eigenen Gedanken dazu machen. Wir vergessen oft, dass weder Jesus noch seine Jünger entscheiden konnten, was in die Bibel aufgenommen wird, nicht einmal, was ins Neue Testament aufgenommen wird. Das wurde sehr viel später von Komitees beschlossen, deren Ziele häufiger politischer denn spiritueller Natur waren. Oftmals schafften es Schriften nur so gerade eben noch ins Werk. Die *Offenbarung* war zum Beispiel nur eine von vielen apokalyptischen Visionen, die seinerzeit kursierten und beinahe gleich ernst genommen wurden. Andere wurden ausgelassen, hatten aber nichtsdestotrotz einen gewaltigen Einfluss auf die Entwicklung unserer spirituellen Überzeugungen und sind eine wahre Fundgrube der Engelskunde.

Diese Überlieferung ist aber nicht notwendig, um Engel zu schätzen. Viele Menschen sind Engelfans und -gläubige, ohne etwas über ihren Hintergrund oder ihre Geschichte zu wissen. Viele wollen auch gar nichts über ihre unmittelbare Erfahrung hinaus wissen. Engel scheinen sich eher selten die Mühe gemacht zu haben, sich vorzustellen oder zu erklären; sie transportieren schlicht eine Botschaft oder Inspiration. Sie sind Menschen aller und keiner Glaubensrichtung erschienen, sol-

chen, die an sie glauben, und solchen, die es nicht tun. Es scheint einzig die Notwendigkeit des Augenblicks zu zählen, und so erscheinen sie vermutlich eher Sündern als Heiligen. Wie Jesus zeigen auch sie wenig Respekt vor Rang, Reputation oder anderen menschlichen Wertigkeiten. Jedes Individuum scheint ihnen gleich wichtig zu sein.

Schließlich sind da noch die Visionäre, für die Engel eine so alltägliche Realität darstellten, dass sie niemals auch nur auf den Gedanken kamen, sie infrage zu stellen. Menschen wie Caedmon, der Barde der Angelsachsen, der nicht lesen konnte. Oder William Blake, der glücklich im Alter von 70 Jahren starb, Hymnen singend und die Engelschöre preisend, die er um sein Bett versammelt sah, um ihn endlich in das Paradies zu geleiten, das er so oft zu beschreiben versucht hatte.

Die Art, wie Menschen auf ihre inneren Eingebungen hören, die man auch als Stimmen oder Einflüsse von Engeln verstehen kann, verändert nach wie vor Leben. Der strahlendste Palast kann zur Hölle werden, wenn man die falschen Entscheidungen trifft. Der elendste Slum kann zum Paradies derjenigen werden, die mit sich selbst glücklich sind. Glücksgefühle und Erfüllung sind abstrakte, spirituelle Qualitäten – ob das Leben nun einem größeren Plan gehorcht oder nicht. Deshalb gilt weiterhin in einem alltäglichen, weltlichen Sinn, dass das Befolgen der inneren Engelsstimme den Weg zum Himmel ebnen kann. In der Regel ist das Leben weniger dramatisch, aber wir alle haben Momente erlebt, in denen die Stimme des Gewissens oder der Versuchung plötzlich laut, fordernd und unerfreulich *anders* ertönte, als wir es erwarteten. So wie die erste Liebe all den Liebesliedern, die wir je gehört haben, plötzlich eine ganz neue Tiefe verleiht. Ob wir nun an sie glauben oder nicht, Engel sind die Verkörperung einer lichteren, freundlicheren Existenz, die jeder zu erlangen versuchen kann.

Abbildungen mit freundlicher Genehmigung durch die Bridgeman Art Library. Weitere Angaben:

Umschlag, 7 Sir Edward Burne-Jones, *Engel*;
2 Fra (Guido di Pietro) Angelico, *Verehrung eines Engels* (Tafel);
3 Tommaso di Stefano Lunetti, *Die Verehrung der Hirten*, Christie's Images, London, GB;
4 & 68 Pietro Perugino, *Das Leiden im Garten* (Detail);
5 & 40 John Melhuish Strudwick, *Engel*;
6 (o) & 94 (o) Juste de Gand, *Das Letzte Abendmahl* (Detail);
6 (u) Ägyptischer Wandteppich, Victoria & Albert Museum, London, GB;
8 (o) Giotto di Bondone, *Engel*, aus *Kreuzigung* (Detail);
8 (u) Phoebe Anna Traquair, *Das Erwachen*;
9 Vincent van Gogh, *Kopf eines Engels, nach Rembrandt*;
10–11 Andrea Mantegna, *Putten mit Schmetterlingsflügeln,* aus der Camera degli Sposa;
12 (or) aus der *Nürnberger Bibel*;
12 (ul) Filippo di Matteo Torelli, *Missal 515*;
13 Jean–Honore Fragonard, *Schwarm von Cupiden (L'Essaim d'Amours)*, Louvre, Paris, Frankreich/Giraudon;
14 Fra (Baccio della Porta) Bartolommeo, *Die Mystische Hochzeit der Hl. Katharina von Siena mit Heiligen* (Detail), Louvre, Paris, Frankreich/Peter Willi;
14 (u) & 15 (ol & ur) Giovanni Baglione, *Studie von Putten*, Richard Philp, London, GB;
15 (Mr) Raphael, *Putti* (Detail der Sixtinischen Madonna);
16–17 Raphael, *Galatea* (Detail mit Putte und Delfinen);
18 (o) Dante Gabriel Rossetti, *Studie für den Kopf eines kindlichen Engels in ›Das Edelfräulein‹*, Mallett Gallery, London, GB;
18 (u) Jacques de Stella, *Christus, von den Engeln bedient* (Detail);
19 Giovanni Battista Rosso Fiorentino, *Zwei lesende Cherubim*, Detail aus *Madonna und Kind mit Heiligen*;
20–21 Gabriele Smargiassi, *Der Tod des Federigo da Montefeltro, Herzog von Urbino*;
22 P.J. Crook, *Der Wächter*, © Courtesy of Theo Waddington Fine Art;
23 Giovanni Segantini, *Der Engel des Lebens*;
24 Francesco Botticini, *Tobias und der Erzengel Raphael*;
26 (ol) Giovanni Battista Rosso Fiorentino, *Laute spielender Engel*;
26 (ur) Guariento de Arpo, *Erzengel Michael*;
27 *Angeli Laudantes*, Wandteppich von Henry Dearle, nach einer Originalzeichnung von Edward Burne-Jones;
28 (l) Hans Memling, *Der Erzengel Michael*, aus einem Triptychon, Christie's Images, London, GB;
29 Dirck Bouts, *Paradies der Symbolischen Quelle*;
31 Arthur Hacker, *Das Kloster oder die Welt*, Bradford Art Galleries and Museums, West Yorkshire, GB;
32 Domenico di Michelino, *Dante liest aus der ›Göttlichen Komödie‹*;
33 Paolo Caliari Veronese, *Der Ewige Vater*;
34–35 Nicolaes Pietersz Berchem, *Die Verkündigung an die Hirten*, Bristol City Museum and Art Gallery, GB;
36 (o) Detail aus Nicolaes Pietersz Berchem, *Die Verkündigung an die Hirten*, Bristol City Museum and Art Gallery, GB;
36 (ur) & 37 Juan Correa, *Die Weihnachtsgeschichte*;
38 Melozzo da Forli, *Der verkündende Engel Gabriel*;
39 Neri di Bicci, *Die Verkündigung*;
41 Pietro Perugino, *Altarstück von Vallombrosa*;
43 Lexden L. Pocock, *Die Inspiration des Caedmon*, Cheltenham Art Gallery and Museums, Gloucestershire, GB;
44 Paul Baudry, *Der Traum der Hl. Cäcilia*;
45 *Weihnachtsgrüße*, Grußkarte aus den 1950ern;
46–47 Jean Theodore Dupas, *Friedensengel*, Giraudon/BAL;
48 Ikone mit dem Engel Michael;
49 Griechische Schule, *Abraham und die Drei Engel*, Richardson and Kailas Icons, London, GB;

51 Katalanischer Meister, *Der Hl. Michael überwindet das Böse*, Phillips, The International Fine Art Auctioneers;
52 (ul) Fra (Guido di Pietro) Angelico, *Die Verkündigung* (Detail);
52–53 George William Joy, *Die schlafende Johanna von Orleans*;
54 Francesco Ubertini Verdi Bachiacca, *Tobias und der Engel*;
55 William Blake, *Himmelsleiter*;
57 Carlos Schwabe, *Der Todesengel*, Palais de Tokyo, Paris, Frankreich/Peter Willi;
58 (u) Jacopo Pontormo, *Die Verkündigung*, Capponi-Kapelle, Santa Felicita, Florenz, Italien/Peter Willi;
59 Anonymus, *Erzengel Azrael mit Flinte*;
60–61 John Melhuish Strudwick, *Die Mauern des Hauses Gottes*, Christie's Images, London, GB;
62 Giovanni di Paolo di Grazia, *Fünf Engel tanzen vor der Sonne*, Musée Conde, Chantilly, Frankreich/Lauros Giraudon;
63 Benozzo di Lese di Sandro Gozzoli, *Engel in einer himmlischen Landschaft*, aus *Die Reise der Magi*;
64 Hubert Robert, *Geist des Grabes*;
65 George Richmond, *Das Leiden im Garten*, Yale Center for British Art, Paul Mellon Collection, USA;
65 (u) Astrologische Karte aus dem 16. Jhdt., *Portolankarte*, Lambeth Palace Library, London, GB;
67 Nörliche Schule, russische Ikone des Propheten Elija, Mark Gallery, London, GB;
67 (u) Gustave Doré, *Beatrice steigt mit Dante zum Planeten Merkur auf*;
Detail 66, 69, Detail 70, Detail 73: Pietro Perugino, *Die Himmelfahrt Christi*, Musée des Beaux Arts, Lyons, Frankreich/Peter Willi;
71 William Blake, *Christus im Grab, von Engeln bewacht*;
72 Fra (Guido di Pietro) Angelico, *Christus wird am Himmlischen Hof gepriesen*;
73 Matthias Grunewald, *Engelskonzert*, aus dem Isenheimer Altar, Giraudon;
74 Evelyn de Morgan, *Das Licht erleuchtet die Dunkelheit und die Dunkelheit verstehet es nicht*, The De Morgan Foundation, London, GB;
76–77 William Blake, *Gute und böse Engel ringen um ein Kind*, Cecil Higgins Art Gallery, Bedford, Bedfordshire, GB;
79 Luca Giordano, *Der Erzengel Michael überwindet den aufständischen Engel*;
80 Byzantinische Ikone der Erzengel Michael und Gabriel, Richardson and Kailas Icons, London, GB;
81 William Blake, *Graf Ugolino und seine Söhne im Gefängnis: Illustration für ›Hölle‹, Gesang 33*, Fitzwilliam Museum, University of Cambridge, GB;
82 & 92 Ferdinand Victor Eugene Delacroix, *Mephistopheles Prolog im Himmel*, aus Goethes *Faust*;
83 Marco D'Oggiono, *Die Erzengel triumphieren über Luzifer*;
84 Francis Danby, *Apokalypse*;
85 William Blake, *Satan ruft die aufständischen Engel zusammen*;
86–87 Luca Signorelli, *Teufel*, aus *Das Jüngste Gericht* (Detail);
88 *Der Engel des Todes* (Pergament);
88 (u) Julio de Mantua, *Himmel und Hölle*, Stich von Hieronymus Cock;
89 Gustave Doré, (nach), *Satan und Beelzebub*, Stich von Charles Laplante;
91 Evelyn de Morgan, *Der Engel des Todes*, The De Morgan Foundation, London, GB;
93 Hugo Simberg, *Verwundeter Engel*, Museum für finnische Kunst, Ateneum, Helsinki, Finnland;

Mit freundlicher Genehmigung durch das Gateshead Council.
95 Foto von Keith Paisley, *Engel des Nordens*, Plastik von Antony Gormley.